지은이_튜링 재단

2009년 앨런 튜링의 가족이 설립한 자선 단체이다. 앨런 튜링은 다른 사람들을 돕는 것에 대해 열정을 가지고 있었고, 제2차 세계 대전 중에 유대인 난민의 학교 교육을 후원했다. 이러한 그의 뜻을 이어받아 튜링 재단은 사하라 사막 이남 아프리카의 학교에 IT 리소스를 제공하고 있고, 지금까지 수천 대의 컴퓨터를 제공함으로써 55,000명이 넘는 학생들이 디지털 기술을 습득할 수 있도록 도왔다. 또한 모든 아이들이 앨런 튜링이 구상했던 혁신적인 기술의 힘을 누릴 수 있도록 앨런 튜링 관련 퍼즐책을 만들고 있다.

지은이_윌리엄 포터

영국에서 활동하는 어린이 논픽션 작가이자 각본가이다. 《닌자 터틀》《소닉 앤 코믹》과 같은 유명 만화와 잡지를 쓰고 편집했다. 이 책에 담겨 있는 다양한 수학 문제에 재미있는 이야기를 담았다.

그린이_개러스 콘웨이

서리 예술 디자인 연구소에서 애니메이션 학위를 받았다. 인기 있는 어린이 애니메이션 TV 시리즈와 책의 삽화를 그렸다. 캐릭터가 살아 있는 재미있는 그림으로 많은 호평을 받았다.

옮긴이_오현주

한국외국어대학교를 졸업한 후 현재 번역에이전시 엔터스코리아에서 번역가로 활동 중이다. 옮긴 책으로는 《만능 수리공 매니》(1~3권) 《레이디와 트램프》《뮬란》《디즈니 스쿨스킬》《스파이 걸스 2》 등이 있다.

감수_전국수학교사모임

수학 교육의 발전과 수학의 대중화를 목적으로 결성된 수학 교사들의 연구 단체이다. 수학 교육의 발전과 전망을 위해 연구하고 자료를 개발하고 있다. 2003년과 2006년, 2회에 걸쳐 교육인적자원부로부터 전국단위 최우수교과연구단체상을, 2007년에는 교육부 우수단체상을 받았다. 2017년에는 특수분야연수기관 우수인증기관에 선정되었다. 수학에 흥미를 잃은 학생들이 수학에 자신감을 가질 수 있도록 수학 체험 활동에 대해 연구하고 개발하고자 노력하고 있으며, 모두가 수학을 접하고 즐길 수 있는 기회를 제공하기 위해 일반인 대상의 프로그램을 개발하고 확대해 나가고 있다.

앨런 튜링과 함께하는

초등 두뇌 게임

AI 시대, 논리적 사고근육을 키우는 최신 두뇌훈련

튜링 재단 · 윌리엄 포터 지음

오현주 옮김 | 전국수학교사모임 감수

더숲 STEAM

Alan Turing's Brain Games for Kids

앨런 튜링과 함께하는 초등 두뇌 게임

1판 1쇄 발행 2021년 7월 7일
1판 6쇄 발행 2023년 11월 1일

지은이 튜링 재단, 윌리엄 포터
옮긴이 오현주
감수 전국수학교사모임

발행인 김기중
주간 신선영
편집 민성원, 이상희
마케팅 김신정, 김보미
경영지원 홍운선
펴낸곳 도서출판 더숲
주소 서울시 마포구 동교로 43-1 (04018)
전화 02-3141-8301
팩스 02-3141-8303
이메일 info@theforestbook.co.kr
페이스북·인스타그램 @theforestbook
출판신고 2009년 3월 30일 제2009-000062호

ISBN 979-11-90357-68-5 74410
979-11-90357-66-1 (세트)

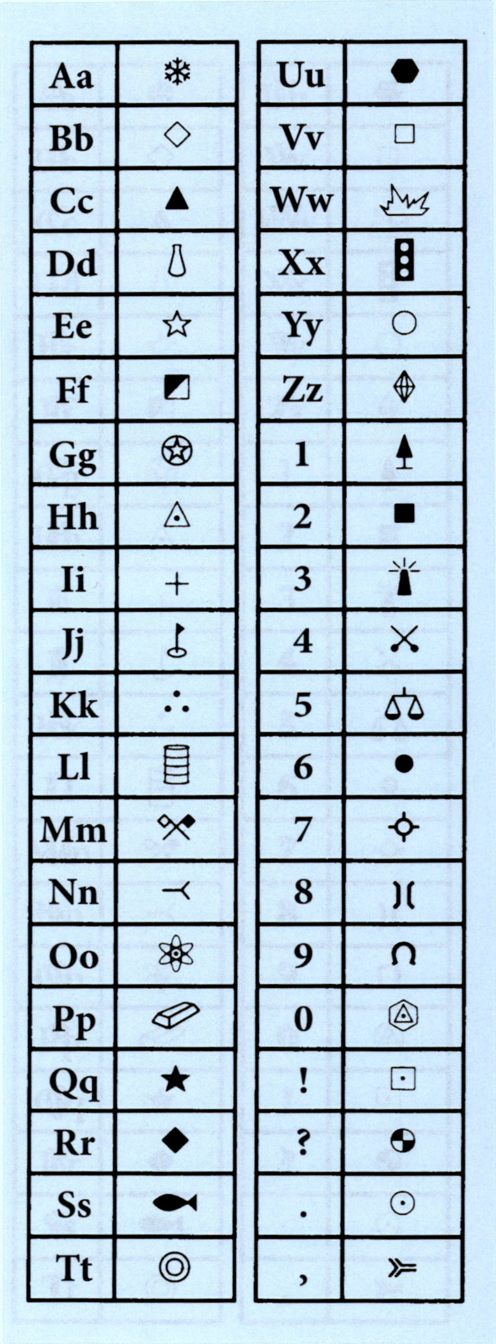

안녕, 친구들!
나는 앨런 튜링이에요.
두뇌를 깨우고
암호를 깨부수며
숫자를 깨우치는
나의 퍼즐 놀이책에
온 것을 환영해요.

앨런 튜링은 누구일까요?

앨런 튜링은 1912년 런던에서 태어났어요. 이 수학 천재의 아이디어는 현대 컴퓨터 기술을 놀라울 정도로 발전시켰지요. 제2차 세계 대전이 계속되는 동안 앨런 튜링은 영국 블레츨리 공원에 있는 암호 해독 본부에서 아주 중요한 임무를 맡았어요. 그는 봄브(Bombe)라고 불리는 기계를 만들어 독일군이 주고받는 암호를 풀 수 있었어요. 연합군은 앨런 튜링의 암호 해독 기술 덕분에 전쟁을 빨리 끝내 많은 생명을 구했어요.

튜링 재단은 어떤 곳인가요?

튜링 재단(THE TURING TRUST)은 앨런 튜링의 가족이 그를 기리려고 만든 자선 단체예요. 튜링 재단은 아프리카 사람들이 컴퓨터를 접할 수 있도록 도와주는 일을 합니다. 여러분이 이 책을 사면 자연스럽게 튜링 재단을 후원하게 됩니다.

4배수로 달려라!

노란 옷을 입은 선두 씨는 세계에서 가장 빠른 슈퍼 영웅이에요. 선두 씨가 격자판을 통과할 수 있게 도와주세요. 지나는 칸은 반드시 4의 배수여야 해요. 위·아래·옆으로는 갈 수 있지만, 대각선으로는 갈 수 없어요.

출발

20	48	34	70	12	24	64	22	60	12
6	8	62	86	60	46	72	16	44	66
74	52	32	40	76	70	88	94	36	78
32	76	82	50	92	38	46	50	28	14
92	42	16	64	14	90	84	20	56	82
72	8	44	58	32	92	64	10	16	90
86	18	30	66	24	54	22	78	26	38
12	36	68	88	96	94	72	4	60	42
44	54	18	74	18	30	52	62	44	58
8	96	88	48	56	40	80	34	12	28

도착

앨런 튜링과 함께 풀어 보아요!

선두 씨가 가는 길목에 세 번 이상 나오는 숫자가 두 개 있어요. 그것이 무엇일까요?

과수원의 비밀

올빼미가 흥미로운 규칙을 찾아냈어요. 과수원 사과나무에 열린 사과 개수를 가로줄 또는 세로줄로 더하면 그 합이 모두 같아요. 비어 있는 나무에 알맞은 숫자를 적어 볼까요?

22	3			
20		7	23	1
8		5	19	
4	17		6	25
11	10	24		18

대각선으로 있는
사과나무 다섯 그루의
합도 가로줄의 합 또는
세로줄의 합과 같아요.

신비로운 굽기

상자마다 붙어 있는 알파벳은 그 상자에
들어 있는 어떤 간식의 별명이에요.
오븐에서 무엇을 굽고 있는지
알파벳으로 추리해 보아요.

큐브 속에 우주가!

펼쳐 놓은 종이를 접어 정육면체를 만들면 어떤 모양이 될까요?

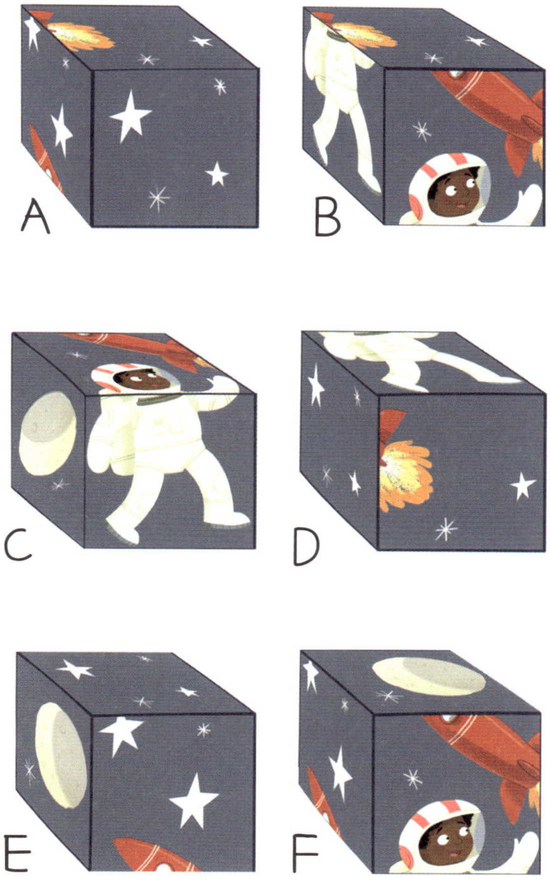

앨런 튜링과 함께 풀어 보아요!

2쪽에서 소개한 코드를 이용해 재미있는 사실을 알아보아요!

⚛⤙▤○ ◎♛☆▤□☆ ▱☆⚛▱▤☆ △❄□☆
☆□☆◆ ♛❄▤∴☆⚱ ⚛⤙ ◎△☆ ⚒⚛⚛⤙⊙

계산 로봇

계산이 맞도록 빈칸에 알맞은 숫자를 넣어 주세요.
1에서 9까지 각 숫자는 파란 동그라미 안에 한 번만 나옵니다.
연산기호 계산 순서와 상관없이 그대로 왼쪽에서 오른쪽으로,
위에서 아래로 계산해 보아요.

6	÷		×	9	=	18
×		+		×		
4	−		×		=	10
−		×		+		
	×	7	−		=	55
=		=		=		
16		35		46		

앨런 튜링과 함께 풀어 보아요!

1에서 9까지 숫자 중 서로 다른 숫자 세 개와
서로 다른 수학 기호 두 개를 사용해 79가
나오는 방정식을 만들어 볼까요?

용감한 기사 돕기

용감한 갤런트 씨가 화살표를 따라가야 하는데,
화살표에 쓰인 숫자만큼만 이동할 수 있대요.
마을 사람들을 위협하는 무시무시한 용에게 도착하려면
어느 길을 따라가야 할까요?
노랑, 주황, 초록, 파랑 화살표 중 어디에서 시작해야 할까요?

4 → (노랑)	2 →	3 →	1 ↓	6 ↓	1 ↓	2 →	4 ↓	2 ↓	6 ↓ (주황)
4 →	8 →	5 →	3 →	2 ↓	3 →	3 ↓	2 ↓	2 ↓	7 ↓
2 →	5 ↓	2 ↑	2 ←	2 →	2 ↓	3 ↓	6 ↓	1 ←	4 ←
1 ↑	1 ←	1 ↓	6 ↓	2 →	3 ←	3 ↑	4 ←	2 ↑	2 ←
1 ↓	3 ↑	1 ←	4 ↓	2 ↑	5 ←	3 ←	2 →	4 ←	1 ↑
2 →	2 ↑	4 ↑	3 ↑	3 ←	2 ←	3 →	1 ↑	1 ←	
5 →	6 ↑	1 ←	3 ↓	2 →	3 ↑	1 ↓	3 ↓	4 ←	2 ←
6 ↑	1 ←	4 →	4 ↑	6 ↑	3 →	3 →	6 ←	3 ↑	5 ↑
9 →	7 →	2 ↑	2 →	3 ↑	1 ↑	4 ←	3 ←	3 ↑	9 ←
3 ↑ (초록)	1 ↑	4 ↑	2 ←	2 →	4 ↑	1 ↑	2 ←	4 ↑	3 ← (파랑)

친구 찾기

같은 생물끼리 선을 그어 짝지어 주세요.
선은 위·아래·옆으로는 그을 수 있지만 대각선으로는 그을 수 없어요.
모든 칸은 한 번만 지나갈 수 있고 선이 겹치면 안 돼요!
첫 번째 선은 그려 놓았어요.

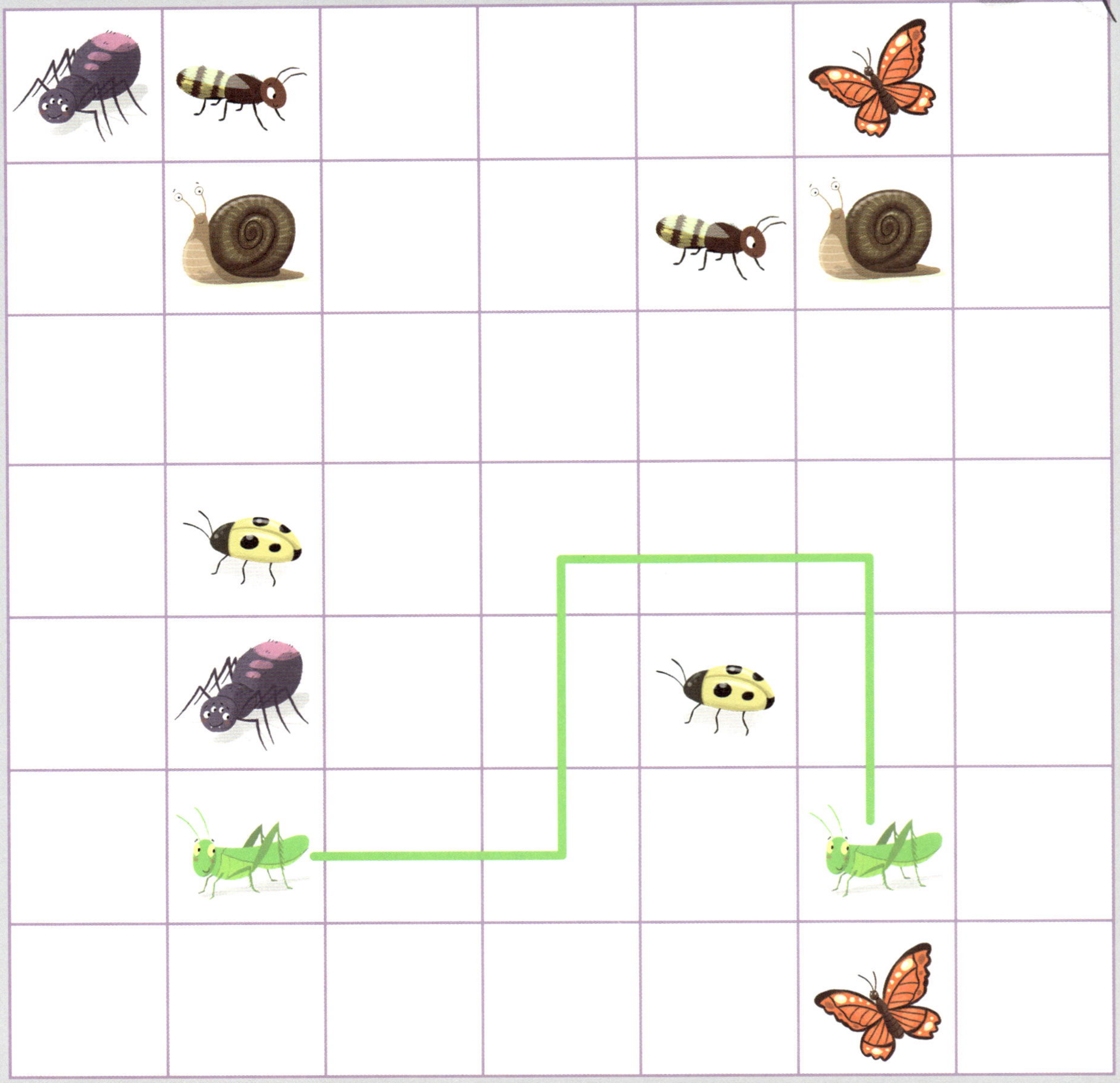

벽돌로 탑 쌓기

벽돌공 브라이언을 도와 탑 쌓기를 마무리해요.
벽돌에 쓰여 있는 분수와 소수 그대로
왼쪽 벽돌에 쓰면 된답니다.
맨 아래 벽돌에는 가장 작은 수를 쓰고,
위로 올라가며 점점 큰 수를 써서
꼭대기에는 가장 큰 수가 오도록 해요.

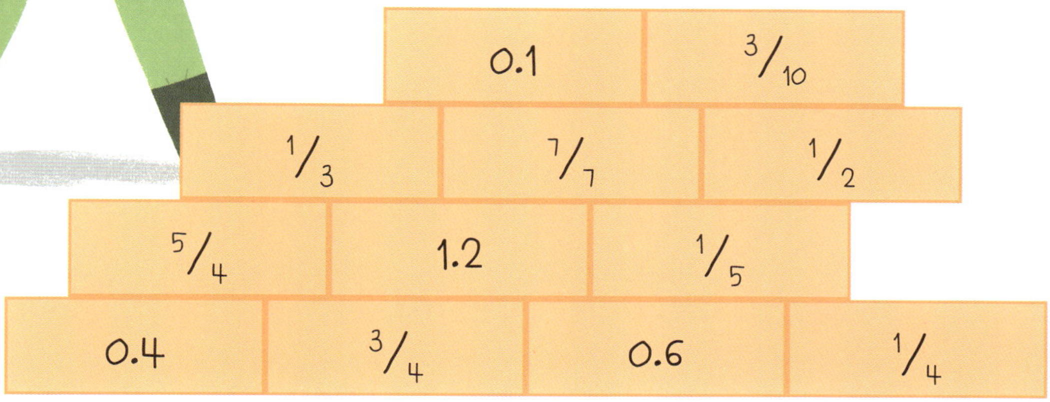

앨런 튜링과 함께 풀어 보아요!

모든 소수를 분수로 바꿔 놓고 시작해요.

주차 요금은 얼마일까?

자동차가 주차장에 도착했다가 떠난 시간을 살펴보아요. 자동차는 각각 얼마나 오래 주차장에 머물렀을까요? 시간과 분으로 나타내 보아요.

	도착	출발	주차한 시간	주차 요금
자동차 1	오전 8시 5분	오후 12시 17분		
자동차 2	오전 8시 47분	오후 3시 34분		
자동차 3	오전 9시 15분	오후 4시 24분		
자동차 4	오전 9시 55분	오후 11시 45분		
자동차 5	오전 10시 27분	오후 6시 34분		

주차 요금이 처음 한 시간은 4,000원, 이후 30분마다 2,500원씩 계산된다면, 운전자들은 각각 얼마씩 내야 할까요?

(30분이 넘으면 그다음에는 몇 분이 되든 또 다른 30분으로 계산해요.)

앨런 튜링과 함께 풀어 보아요!

2쪽에서 소개한 코드를 이용해 재미있는 사실을 알아보아요!

조합이 같은 공 찾기

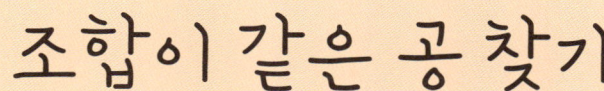

왼쪽에 있는 공 네 개의 조합과
똑같은 것을 격자판에서 찾아볼까요?
위의 격자판에 숨어 있어요.

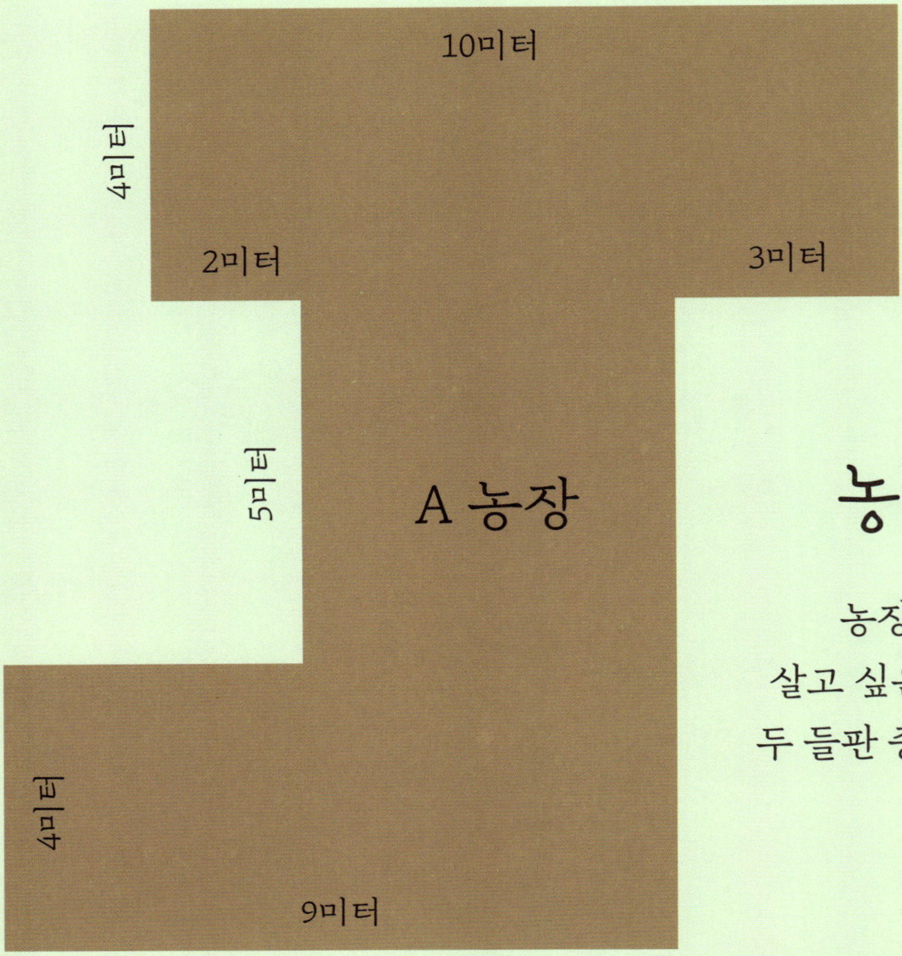

농부의 들판

농장 동물들이 자기가
살고 싶은 곳을 고르고 있어요.
두 들판 중 어느 곳이 더 클까요?

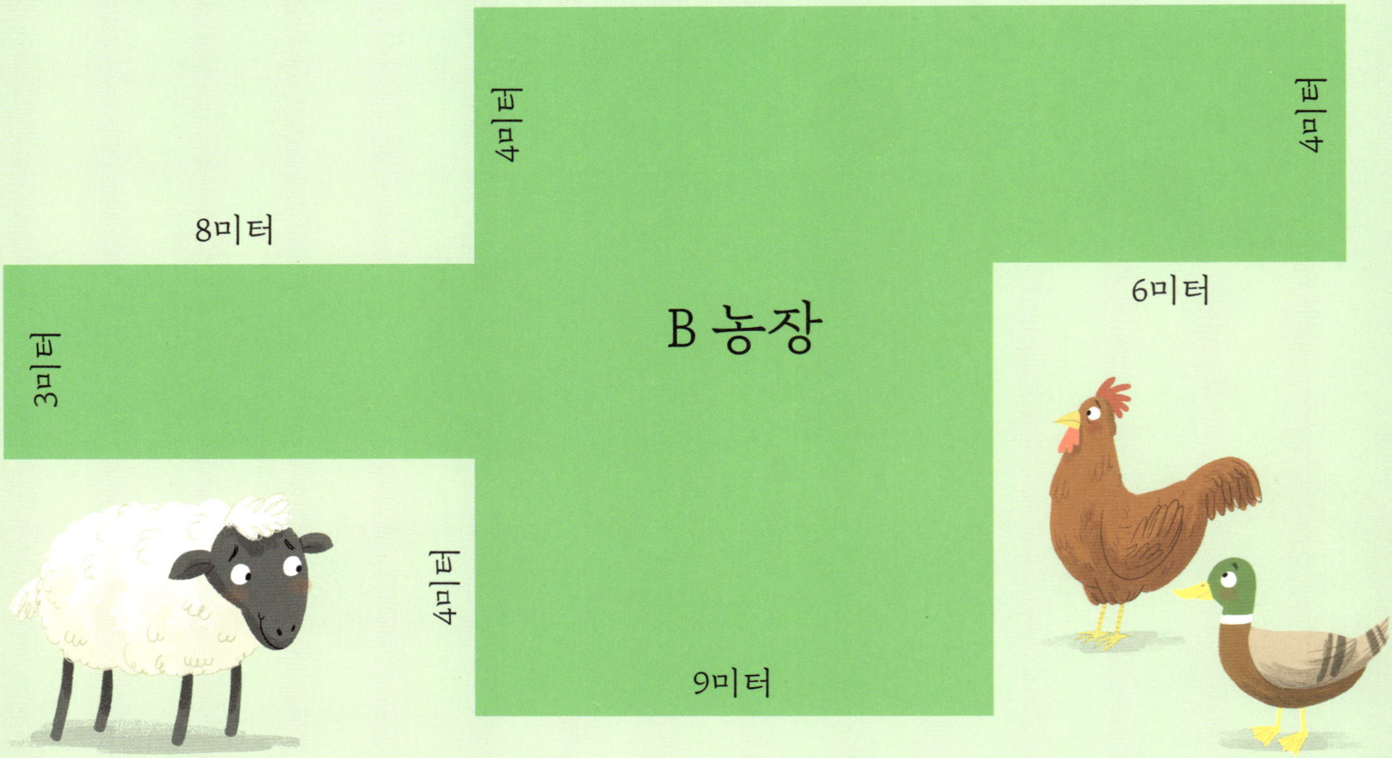

조개 나눠 주기

조개를 인어 공주 세 명에게 나눠 주세요.
이때 세 명 모두에게 종류마다 똑같은
개수로 나눠 줘야 해요. 인어 공주들은
색깔이 다른 조개를 몇 개씩 갖게 될까요?
한 명에 돌아가는 조개는 모두 몇 개일까요?

앨런 튜링과 함께 풀어 보아요!

인어 공주 네 명이 조개를 똑같이 나눠 가진 뒤
남은 조개는 종류별로 몇 개씩일까요?

어울리지 않아!

뭔가 잘못되었어요. 탐정이 되어 각 동그라미 안의 어떤 숫자가
나머지 숫자와 어울리지 않는지 찾아보아요.

A

49 16
27 121 81
9 64 4
100 36

B

17 19
29 15
3
43 37
11 5
31

C

1 1000
27
64 125
216
49 512
343 8

D

3 36
21 6
10
66 16 55
45 28

조각난 그림을 맞춰라

회전목마 그림이 열두 조각으로 잘려 있어요. 그림을 맞추려면 왼쪽에서 오른쪽까지 어떤 순서로 놓아야 할까요?

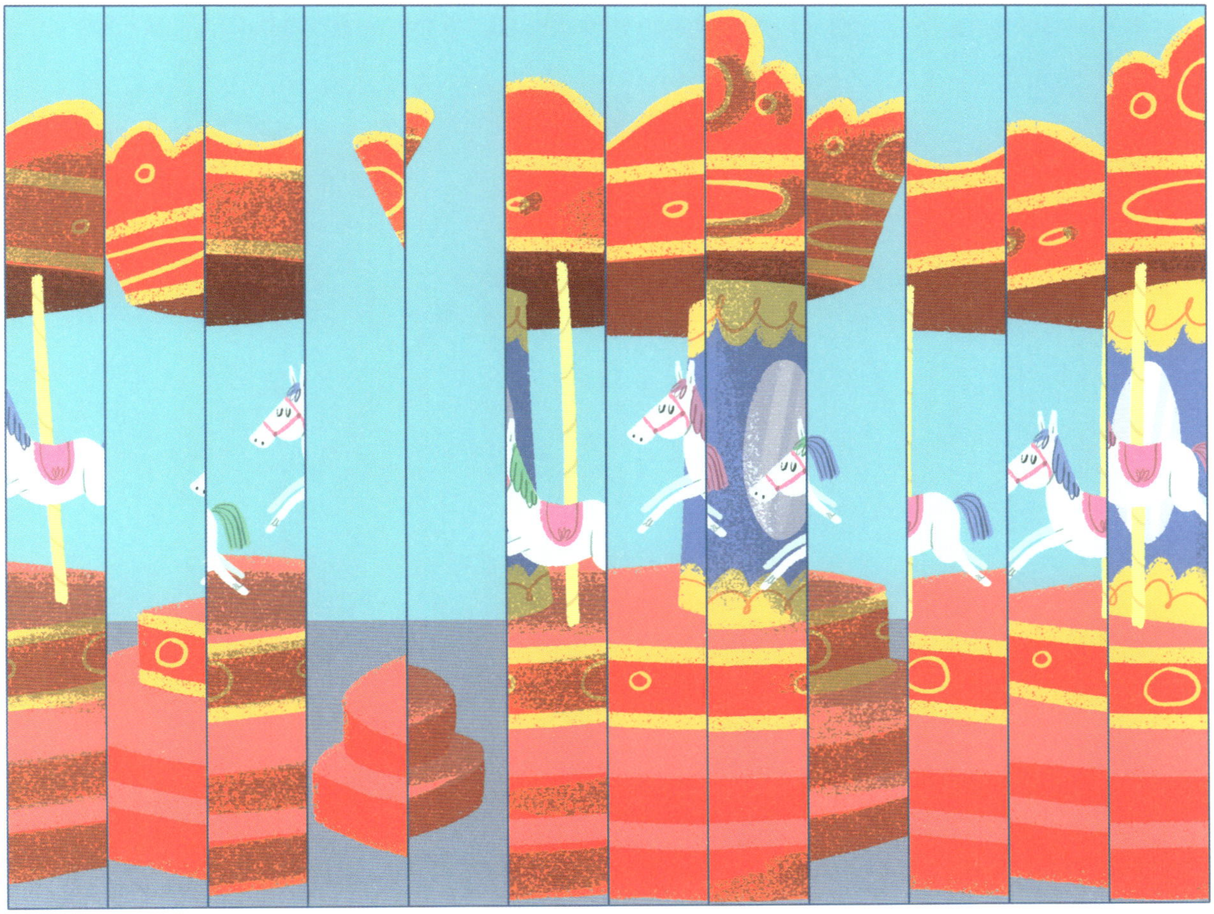

1 2 3 4 5 6 7 8 9 10 11 12

앨런 튜링과 함께 풀어 보아요!

2쪽에서 소개한 코드를 이용해 재미있는 사실을 알아보아요!

⚛⤙ ▲❄◆⚛⬢🐟☆🛢🐟 +⤙ ◎◬☆ ⬢∴➢ ◎◬☆ ◬⚛◆🐟☆🐟

⬢🐟⬢❄🛢🛢○ ◪❄▲☆ 🛢☆◪◎⊙ +⤙ ⚒❄+⤙🛢❄⤙🧪 ☆⬢◆⚛▱☆

❄⤙🧪 ◎◬☆ ⬢🐟➢ ◎◬☆○ ◪❄▲☆ ◆+✪◬◎⊙

길 따라가며 수식 풀기

길을 따라 자전거를 타요. 주황색 동그라미에 닿을 때마다
수식을 풀어요. 어떤 길로 가야 가장 작은 수를 답으로 얻을까요?
모든 길은 한 번만 지나갈 수 있고 답은 음수가 될 수 없어요.

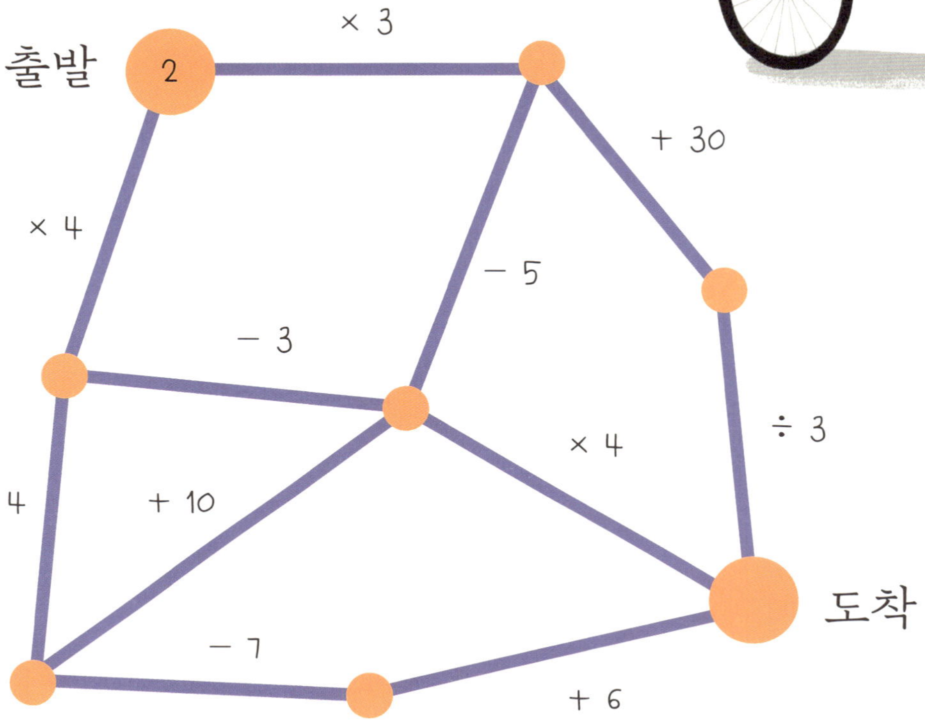

앨런 튜링과 함께 풀어 보아요!

답이 14가 되게 하려면 어느 길로 가야 할까요?

거대 공룡의 몸무게 알기

거대 공룡들의 무게를 재고 있어요. 공룡 두 마리의 무게가 아래와 같다면,
나머지 공룡의 무게는 얼마나 될까요?

3			14

가장 빠른 동물 찾기

5킬로미터를 가장 빠르게 갈 수 있는 동물을 알아볼까요?

토끼는 4분 동안 시간당 30킬로미터의 속도로 달려요. 5분간 쉰 다음 절반만큼 거리를 다시 조금 전과 같은 속도로 달려요. 10분간 쉰 다음 처음처럼 달려요.

호랑이는 시간당 18킬로미터의 속도로 20분 동안 쉬지 않고 달려요.

얼룩말은 6분 동안 시간당 25킬로미터의 속도로 달려요. 1분간 쉰 다음 시간당 20킬로미터의 속도로 6분간 달려요. 그런 다음 시간당 30킬로미터의 속도로 7분간 달려요.

가젤은 시간당 30킬로미터의 속도로 1분간 달려요. 10분간 쉰 다음 시간당 45킬로미터의 속도로 8분간 달려요.

앨런 튜링과 함께 풀어 보아요!

2쪽에서 소개한 코드를 이용해 재미있는 사실을 알아보아요!

최종 승자는 어느 팀일까?

골을 넣은 것을 점수로 계산해 어느 축구팀이 점수를 가장 많이 얻었는지 알아보아요.
축구팀이 네 팀 있어요.

킹즐리 킥커즈

스프링필드 스트라이커즈

월섬 위너즈

딩고 드리블러즈

각 팀은 다른 팀과 한 번씩만 경기를 했어요.

스프링필드는 4 대 2로 한 번 이기고
나머지 두 번은 졌어요.
킹즐리는 스프링필드를 3 대 1로 이겼고, 또 다른
경기는 한 번 이겼으며 딩고와는 1 대 1로 비겼어요.
월섬은 두 번 졌는데도 킹즐리와는 점수를 얻지
못했어요. 딩고와는 비겼어요.
딩고는 스프링필드를 3 대 0으로 이겼어요.
월섬은 총 5점을 얻었어요.
킹즐리는 스프링필드보다 전체 골 점수에서
1점을 더 얻었어요.

숨어 있는 괴물을 찾아라!

조심해요! 아래 격자판에 괴물들이 숨어 있어요.
어디에 있는지 찾아볼까요?

비어 있는 네모 칸 중에 괴물이 숨어 있는 칸이 있어요.
칸에 있는 숫자는 양옆·아래·대각선 칸에 맞닿은
괴물 칸의 수를 말해 줍니다.

	0	1		1
		3		
1				0
		2	2	
0			1	

1	2			1
	3		3	2
		1		1
2	2			
		1		0

앨런 튜링과 함께 풀어 보아요!

괴물 칸이 양옆·아래·대각선 어디로도 서로 닿을 수 없다면
5×5 격자판에 최대로 들어갈 수 있는 괴물은 몇 마리일까요?

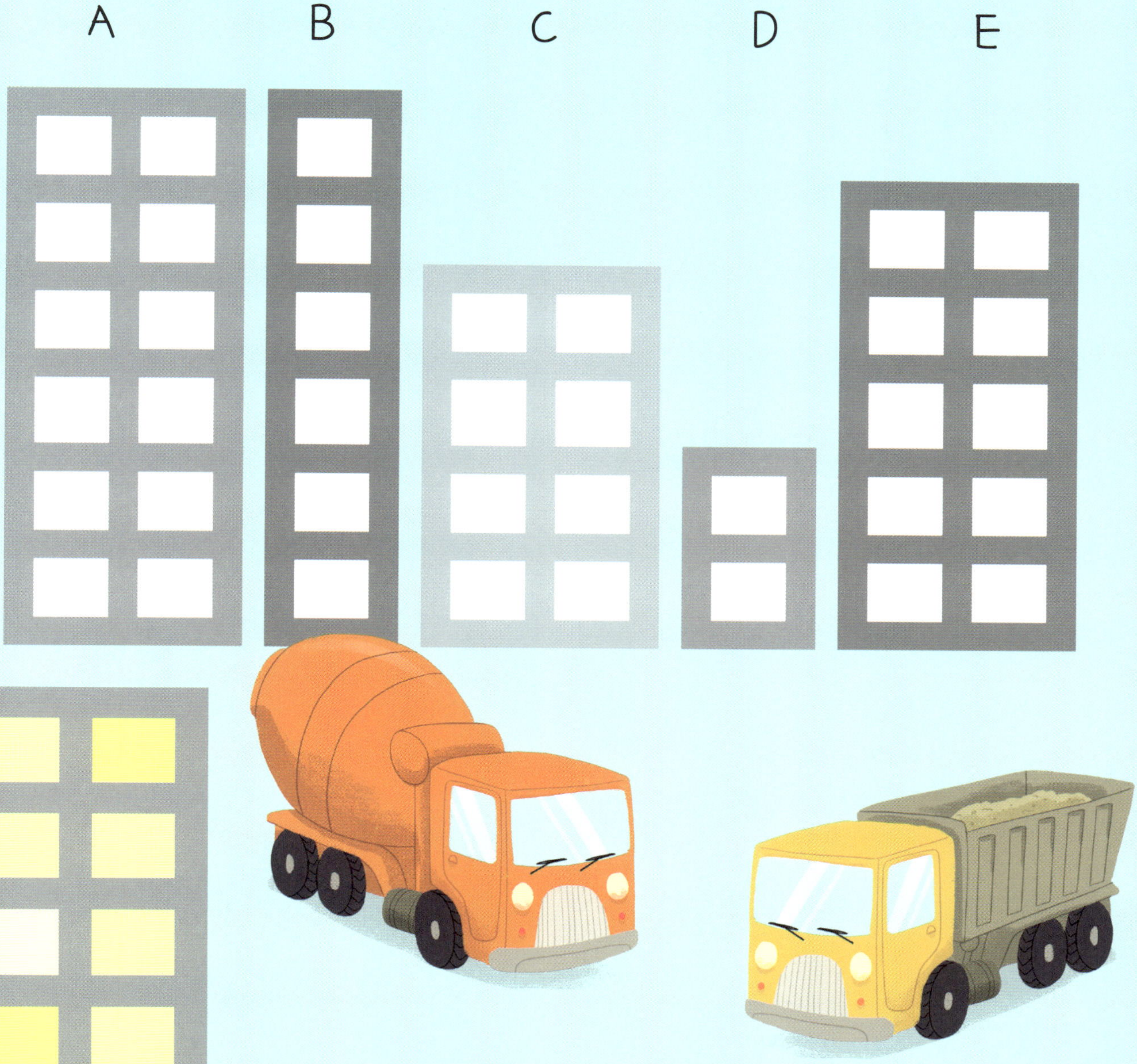

건물을 지어요

건축업자가 건물을 여러 채 이어 짓고 있어요.
건물이 완성되면 왼쪽 건물과 같을 거예요.
그렇다면 A에서 E까지는 각각 얼마나 지어진 걸까요?
완성된 건물을 분수로 나타내 보아요.

보석을 지켜라!

보석 가게에 도둑이 들었어요. 도둑은 보석이 있는 곳까지 왔다가 달아났어요. 도둑이 지나간 길을 찾아볼까요?

과자와 컵케이크는 모두 몇 개?

빵 굽는 빌이 월요일에는 과자 16개와
컵케이크 20개를 구웠어요.
화요일에는 월요일과 비교했을 때 절반의
과자와 75퍼센트의 컵케이크를 구웠어요.
수요일에는 화요일과 비교했을 때 100퍼센트의
과자와 200퍼센트의 컵케이크를 구웠어요.
목요일에는 수요일과 비교했을 때 150퍼센트의
과자를 굽고 컵케이크는 굽지 않았어요.
금요일에는 목요일과 비교했을 때 50퍼센트의
과자를 굽고 월요일에 구운 것과 같은 양의
컵케이크를 구웠어요.

빌은 매일 과자와 컵케이크를 몇 개씩 구웠을까요?
한 주 동안 과자와 컵케이크는 모두 몇 개씩 구웠을까요?

	과자	컵케이크
월요일		
화요일		
수요일		
목요일		
금요일		
합계		

슈퍼 스도쿠

수수께끼 박사님이 남겨놓은 퍼즐 문제를
슈퍼스타와 함께 풀어 보아요.

		9	3	2			1	
1					7			
	3		1		9		8	2
	5	1	2			8	4	
3				5	1			7
		6			4	1	5	
8	1		9				2	
4			5				7	1
				1	2	4		8

1에서 9까지의 숫자를 빈칸에 적어요. 이때 각각의 가로줄·세로줄과 3×3 상자에는 1에서 9까지의 숫자가 모두 들어가야 해요.

앨런 튜링과 함께 풀어 보아요!

가로줄의 숫자를 모두 더하면 얼마가 나올까요?

괴상망측하게 생긴 우주 생명체

외계인 가운데 이상하게 생긴 것을 골라볼까요?

정글 탐험의 끝은 어디?

탐험가 엠마는 어디에서 정글 탐험을 끝내게 될까요?
숫자만큼 화살표를 따라가다 보면 알게 될 거예요.
주황색 화살표에서 시작해요.

→3 (주황색)	↓2	←1	↓5	↓8	↓2	↓3	←1	←3	←5
→3	↓5	→3	↓3	→3	↓2	←5	↑1	↑1	↓4
→4	→5	↑1	↓5	↑1	←3		→1	↑1	←3
↓5	←1	→2	↓3	↓2	→2	→3	↓1	←5	↓5
→4	↑1	←1		↓5	→3	↓3	→2	←2	↓5
→8	→6		→2	←2	↑1	↑4	↑3	↑5	←3
↑2	←1	↑2	→1	↓1	→3	←4	→2	↑2	↑6
↑5	←1	↓1	→6	→4	←3		←1	↓1	↑5
→7	↑3	→3	↓1	←3	↑2	↑2	↑2	←5	←3
↑4	↑2	↑9	←3	→1	↑2		←4	←7	

더 많이, 더 적게

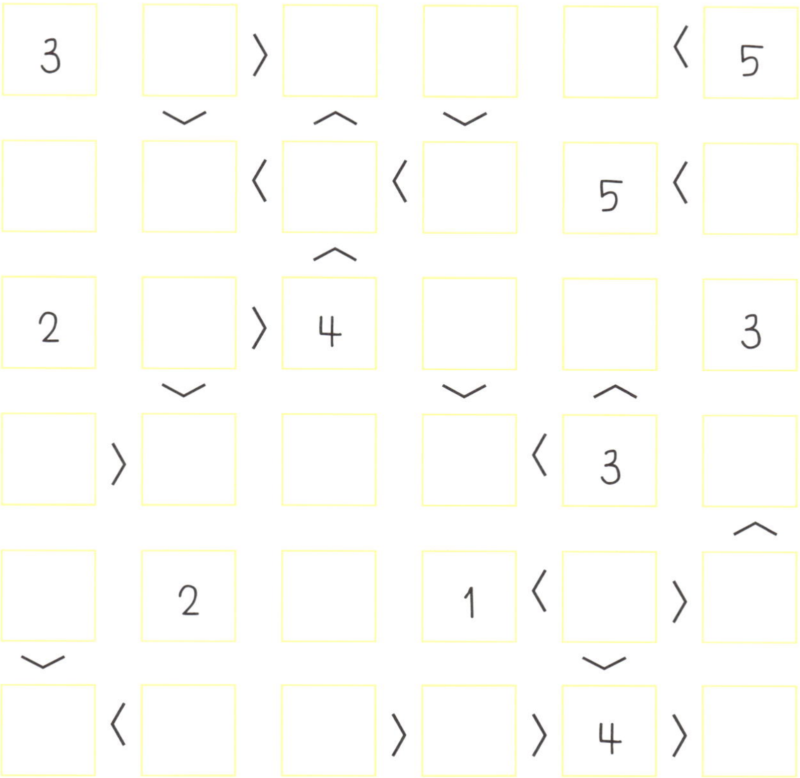

비어 있는 네모 칸을 채워
각각의 가로줄 또는 세로줄에
1에서 6까지의 숫자가
오도록 하세요.

더 많음(>)과 더 적음(<) 기호를 잘 살펴보아요. 어떤 숫자가 어디로 가야 하는지 알아내는 데 도움이 될 거예요.

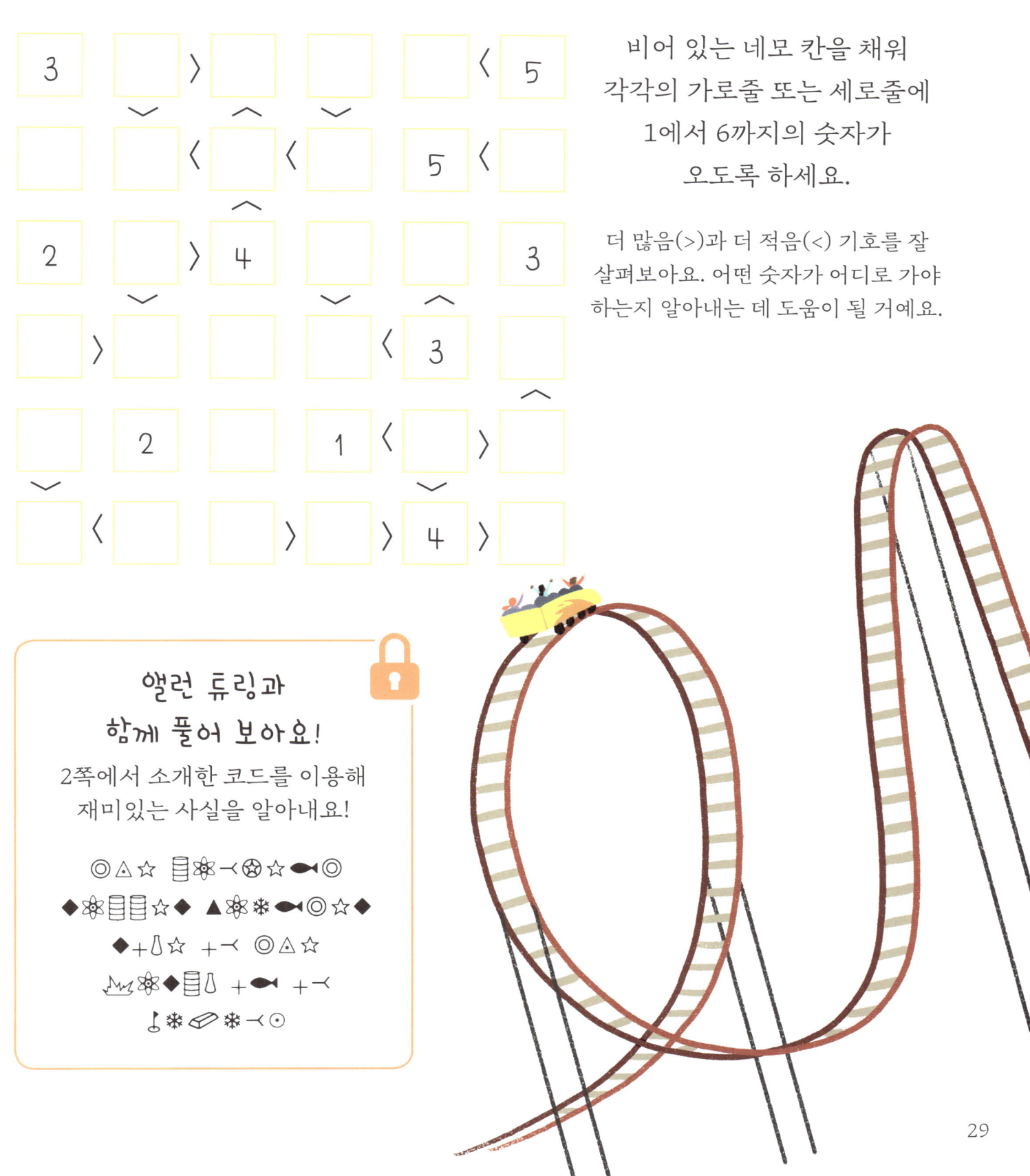

**앨런 튜링과
함께 풀어 보아요!**

2쪽에서 소개한 코드를 이용해
재미있는 사실을 알아내요!

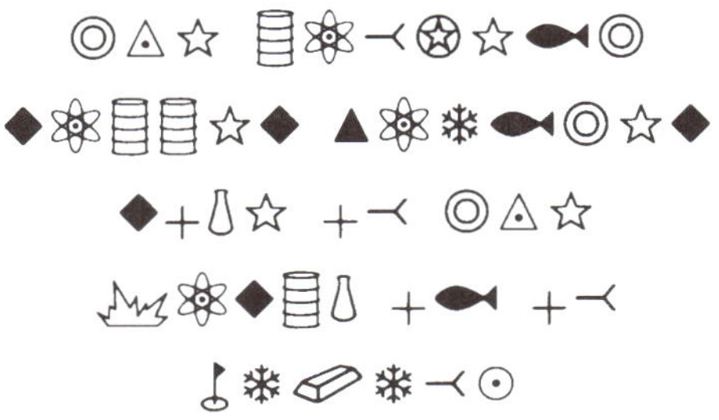

숫자 마법사

마법사 사이먼이 마법을 부려 숫자 10개와 계산식 10개를 만들었어요.
계산식과 정답 숫자를 짝지어 볼까요?

21 $\quad$ 100 ÷ 4 $\quad$ 7 × 3 $\quad$ 48

18 $\quad$ 64 $\quad$ 6 × 8

99 ÷ 3 $\quad$ 2 × 9 $\quad$ 36 × 4 $\quad$ 144

12 $\quad$ 4 × 4 × 4 $\quad$ 90

25 $\quad$ 10,000

100 × 100 $\quad$ 33

15 × 6 $\quad$ 84 ÷ 7

사각형 만들기

여기 있는 모양 그대로 방향을 돌리지 말고
알맞게 놓아 사각형을 만들어요. 모양을 따라 그린
다음 오려서 놓아 보면 도움이 될 거예요!

앨런 튜링과 함께 풀어 보아요!

서로 다른 모양 7개 중 직각삼각형은 몇 개인지 찾아볼까요?

싹둑싹둑 잘라요!

로봇을 도와 그림을 바르게 맞춘 다음
맞춘 그림의 숫자를 작은 격자판에 차례로 적어 보아요.

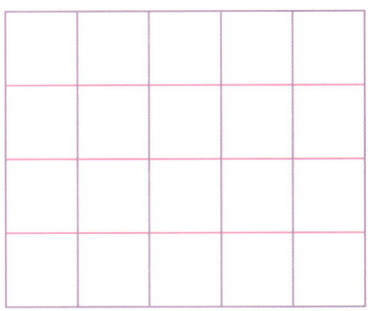

앨런 튜링과 함께 풀어 보아요!

2쪽에서 소개한 코드를 이용해 아래 질문에 대한 대답을 찾아보아요.
작업 로봇은 일을 언제 처음 시작했을까요?

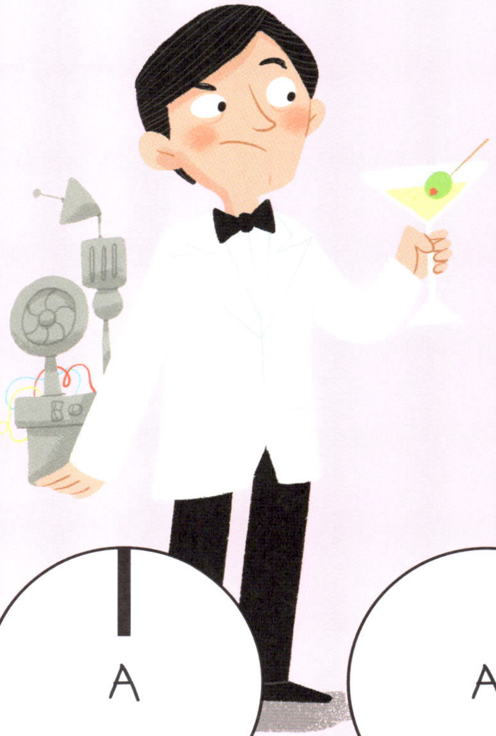

다이얼을 돌려라!

411 요원은 금고를 열려고 아래 설명대로 다이얼을 돌렸어요. 그러면 다이얼이 어느 방향을 가리키게 될지 선으로 나타내 보아요.

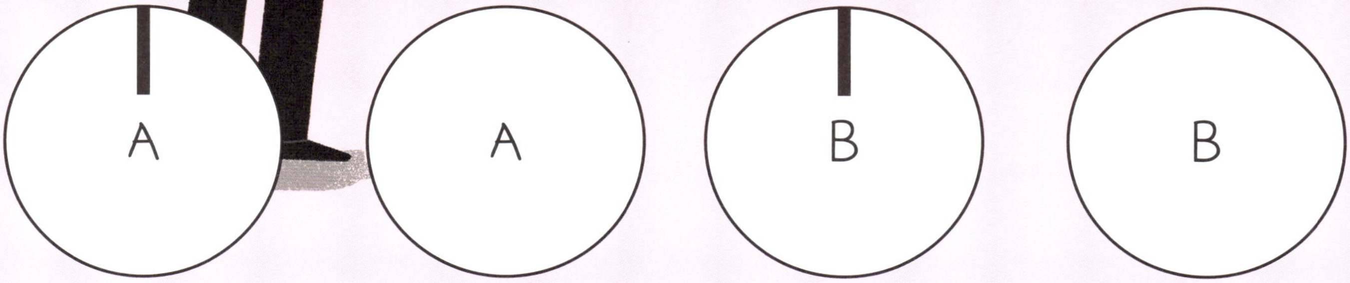

다이얼 A: 4분의 1만큼은 시계 방향으로 돌리고, 2분의 1만큼은 거꾸로, 180도만큼은 시계 방향으로, 90도만큼은 거꾸로 돌려요.

다이얼 B: 90도만큼은 왼쪽으로 돌리고, 90도만큼은 시계 방향으로, 180도만큼은 반대 방향으로 돌리고, 이어서 4분의 1만큼은 같은 방향으로 돌려요.

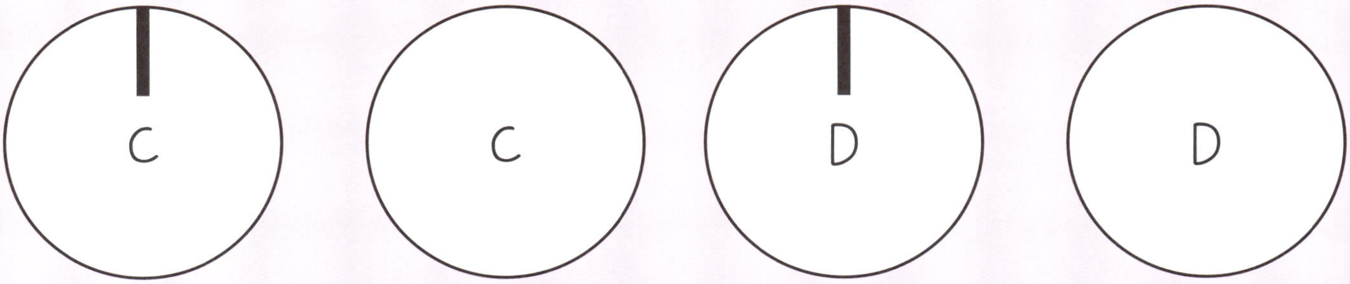

다이얼 C: 2분의 1만큼은 시계 방향으로, 4분의 1만큼은 반대 방향으로, 4분의 1만큼은 시계 방향으로 돌려요.

다이얼 D: 90도만큼은 시계 방향으로, 4분의 1만큼은 더 시계 방향으로, 270도만큼은 반대 방향으로 돌려요.

지도에서 길 찾기

제스는 지도의 A에서 B까지 자동차로 직접 운전해서 가야 해요.
하지만 가던 길을 되돌아갈 수는 없어요.
아래 설명 중 제스가 간 길을 가장 잘 설명한 것은 몇 번 길일까요?

길 찾기 1: 첫 번째에서 우회전, 첫 번째에서 좌회전, 길 끝에서 좌회전, 그리고 우회전, 그다음 좌회전, 좌회전 한 번 더, 첫 번째에서 좌회전, 두 번째에서 우회전 후 좌회전, 또 한 번 좌회전, 그리고 첫 번째에서 좌회전 한 번 하고 끝.

길 찾기 2: 첫 번째에서 좌회전, 그리고 우회전, 우회전 한 번 더, 첫 번째에서 우회전, 첫 번째에서 좌회전, 첫 번째에서 좌회전, 좌회전 한 번 더, 첫 번째에서 좌회전, 첫 번째에서 우회전, 그리고 좌회전.

길 찾기 3: 두 번째에서 우회전, 첫 번째에서 우회전 후 좌회전, 그리고 첫 번째에서 우회전, 좌회전, 좌회전, 그리고 첫 번째에서 좌회전, 세 번째에서 우회전, 우회전 한 번 더, 두 번째에서 우회전, 그리고 좌회전.

길 찾기 4: 세 번째에서 우회전, 첫 번째에서 우회전 후 또 우회전, 첫 번째에서 좌회전 후 좌회전, 첫 번째에서 우회전, 좌회전, 좌회전 한 번 더, 첫 번째에서 좌회전, 두 번째에서 우회전, 첫 번째에서 우회전, 첫 번째에서 좌회전.

바닷속 모양 찾기

같은 모양을 찾아 선을 그어요.
선은 위·아래·옆으로는 그을 수 있지만 대각선으로는 그을 수 없어요.
모든 칸은 한 번만 지나갈 수 있고 선이 겹치면 안 돼요!

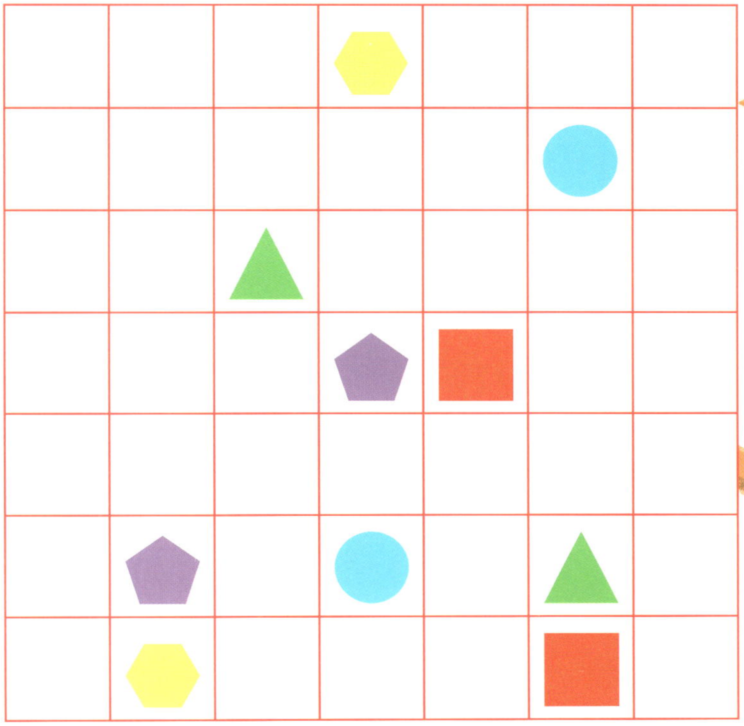

앨런 튜링과 함께 풀어 보아요!

2쪽에서 소개한 코드를 이용해 재미있는 사실을 알아보아요!

데칼코마니 만들기

서로 대칭이 되도록 그림을 완성해 볼까요?
모든 사각형은 초록색 선을 중심으로
반대편에 그대로 나타나야 해요.

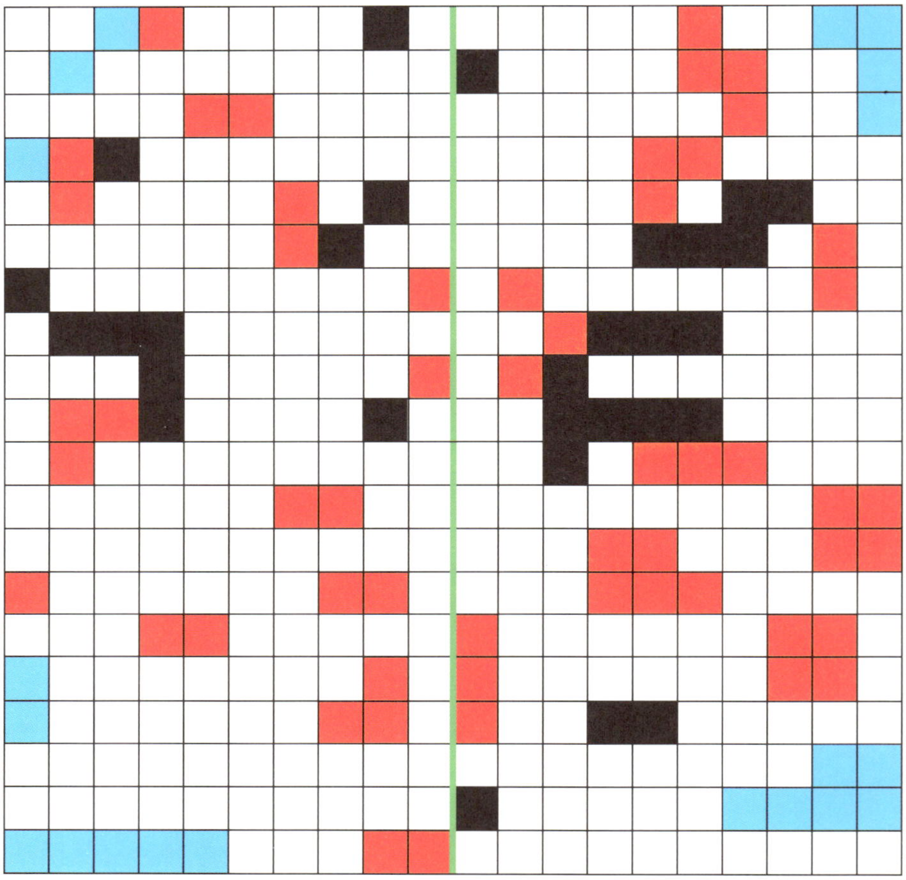

앨런 튜링과 함께 풀어 보아요!

2쪽에서 소개한 코드를 이용해 딱 맞는 힌트를 얻어 보아요!

일등부터 꼴찌까지

알렉스, 레아, 마틴, 라일리, 소피아가 함께 달리기 경주를 했어요. 경주마다 결승선에 들어온 순서를 추리해 보아요.

달리기 경주

라일리는 마지막으로 들어오지 않았어요.

알렉스는 한 명 이상보다는 빨랐어요.

소피아는 알렉스 바로 앞에 들어왔어요.

레아는 라일리 뒤에 들어왔어요.

마틴은 소피아보다 빨랐어요.

장애물 경주

레아는 소피아보다 빨랐어요.

마틴은 알렉스에게 따라잡혔어요.

라일리는 마지막으로 들어오지 않았어요.

마틴은 한 명 이상보다는 빨랐어요.

알렉스는 라일리 뒤에 들어왔어요.

조각 맞춰 달걀 만들기

조각 7개를 골라 달걀을 완성해 보아요.

앨런 튜링과 함께 풀어 보아요!

2쪽에서 소개한 코드를 이용해 아래 질문에 대한 대답을 찾아보아요.
어떤 동물이 가장 큰 알을 낳을까요?

◎◬☆ ⚛🐟◎◆+▲◬☉ +◎🐟 ☆⍟⍟ +🐟 ❄◇⚛⬢◎ ◎[illegible]☆⤙◎○♜

◩⚛⬢◆ ◎+⚒☆🐟 ◇+⍟⍟☆◆ ◎◬❄⤙ ❄ ▲◬+▲∴☆⤙ ☆⍟⍟☉

생선 냄새 풀풀, 숫자 다섯

격자판을 숫자와 물고기로 채워 볼까요?

모든 가로칸과 세로칸에는 숫자 1, 2, 3, 4, 5와 물고기 한 마리가 각각 들어갈 수 있어요!
몇몇 칸은 이미 채워 두었어요. 격자판 밖에 있는 숫자들은 그 방향에서
격자판으로 들어갈 때 처음 만나는 숫자를 나타내요.

	4	2	1	3	5	3	
4	4					3	3
2			4				5
3		3			4		1
5				1	2		4
3	3		2				1
1				5			2
	1	4	2	5	3	2	

힌트가 있어요.
테두리의 숫자와 맞닿은
칸에는 바로 그 숫자 또는
물고기가 들어갑니다!

다람쥐 먹이 찾기

다람쥐 셰릴이 견과를 모아서 단어 찾기 격자판에 묻어 두었어요.
왼쪽에 있는 견과 중 격자판에 없는 것은 무엇일까요?

c	d	b	a	p	p
a	n	r	p	e	e
s	o	a	e	n	a
h	m	z	c	i	n
e	l	i	a	p	u
w	a	l	n	u	t

찾을 수 있나요?

- 아몬드(almond)
- 브라질너트(brazil)
- 캐슈(cashew)
- 마르코나아몬드(marcona)
- 땅콩(peanut)
- 피칸(pecan)
- 잣(pine)
- 호두(walnut)

앨런 튜링과 함께 풀어 보아요!

아래 애너그램에 어떤 맛있는 견과가 숨어 있을까요?
참고로, 애너그램(anagram)은 철자 순서를 바꿔 새로 만든 말이에요.

dacia mama

달팽이의 여행

달팽이는 정원에 난 길 어디에서 여행을 끝낼까요?
방향 설명을 읽고 함께 길을 찾아보아요.

첫 번째 모퉁이에서 왼쪽, 오른쪽, 오른쪽, 그 다음 첫 번째 모퉁이에서 오른쪽,
그 다음 첫 번째 모퉁이에서 왼쪽, 그 다음 첫 번째 모퉁이에서 오른쪽,
그 다음 두 번째 모퉁이에서 왼쪽, 왼쪽, 그 다음 첫 번째 모퉁이에서 왼쪽,
그 다음 첫 번째 모퉁이에서 오른쪽, 그 다음 두 번째 모퉁이에서 오른쪽, 오른쪽, 직진.

우왕좌왕 음악가

음악가들이 서로 악기를 바꿨어요.
그들은 각자 드럼, 바이올린, 베이스기타, 키보드,
전자기타 중 어떤 악기를 연주했을까요?
단서를 읽고 알아보아요.

나오미는 현악기를
연주하지 않아요.
루비는 바이올린이나
베이스기타를 연주하지
않아요.

스카이는 현악기를
연주해요.
엘라는 기타 종류를
연주해요.
레아는 드럼을 연주해요.

앨런 튜링과 함께 풀어 보아요!

2쪽에서 소개한 코드를 이용해 재미있는 사실을 알아보아요!

기사의 방패를 찾아라!

아래 네모 칸을 채워 기사의 방패가 나타나게 해 보아요.
괄호 안의 첫 번째 숫자는 세로축 숫자, 두 번째 숫자는
가로축 숫자를 나타내요.

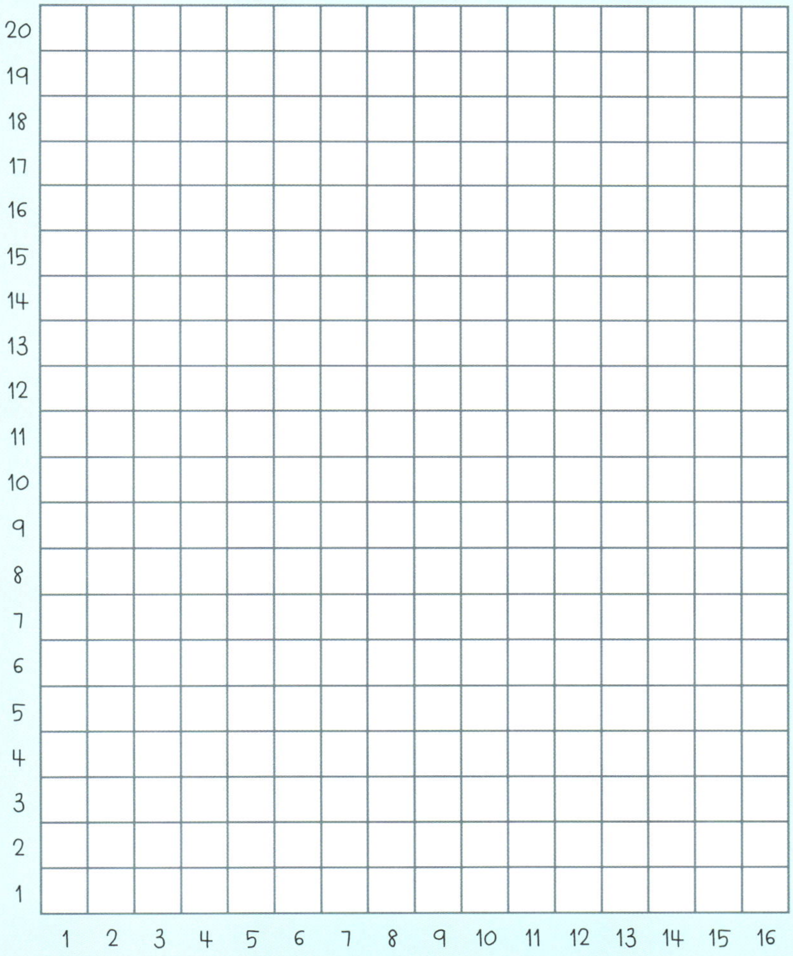

(2,7) (2,8) (3,7) (4,7) (4,9) (4,10)
(5,7) (5,8) (5,9) (6,4) (6,5) (6,9) (6,13)
(6,14) (6,15) (6,16) (7,4) (7,9) (7,13)
(7,16) (8,4) (8,5) (8,6) (8,9) (8,10)
(8,12) (8,13) (8,15) (8,16) (9,2) (9,4)
(9,6) (9,7) (9,9) (9,10) (9,11) (9,12)
(9,13) (10,2) (10,3) (10,4) (10,7) (10,8)
(10,9) (10,10) (10,11) (10,12) (11,6)
(11,7) (11,8) (11,9) (11,10) (11,11)
(11,12) (11,13) (11,14) (11,15) (11,16)
(12,5) (12,6) (12,7) (12,8) (12,9)
(12,10) (12,11) (13,5) (13,6) (13,7)
(13,8) (13,9) (13,10) (13,11) (13,13)
(13,14) (13,15) (13,16) (14,1) (14,2)
(14,3) (14,4) (14,5) (14,6) (14,7) (14,8)
(14,9) (14,10) (14,11) (14,12) (14,13)
(14,16) (15,4) (15,5) (15,6) (15,7)
(15,10) (15,11) (15,12) (16,1) (16,4)
(16,5) (16,6) (16,7) (16,9) (16,10)
(16,11) (16,12) (16,13) (16,14) (16,15)
(16,16) (17,1) (17,2) (17,3) (17,4)
(17,6) (17,7) (17,9)(17,10) (17,11)
(17,12) (17,16) (18,4) (18,5) (18,6)
(18,9) (18,10) (18,11) (18,12) (18,13)
(18,14) (18,15) (19,6) (19,15) (20,6)
(20,7) (20,14) (20,15)

늪에서는 악어를 조심해!

늪에서 미로를 지나고 있어요.
악어에게 잡아먹히지 않도록
길을 잘 찾아보아요.

앨런 튜링과 함께 풀어 보아요!

2쪽에서 소개한 코드를 이용해 재미있는 사실을 알아보아요!

파고 또 파고

그림과 같은 굴착기는
어떤 부품으로 만들어야 할까요?

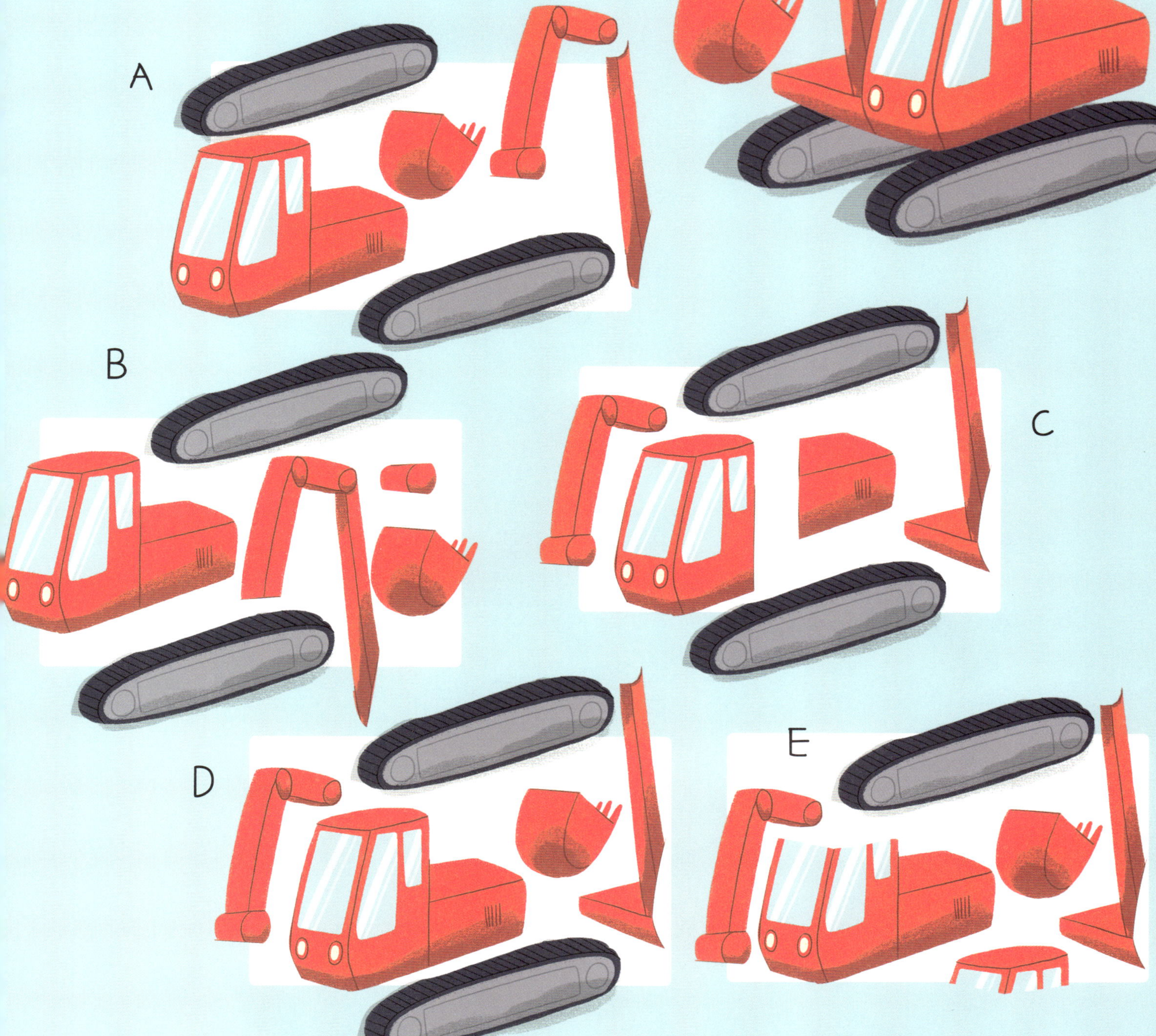

감옥에서 탈출하기

괴물 프랑켄슈타인이 감옥 벽을 뚫고 달아났어요!
괴물이 뚫고 나간 벽은 어느 것일까요?

멀리 던지기

투창 던지기 대회 점수 그래프를 보고 질문에 답해 보아요.

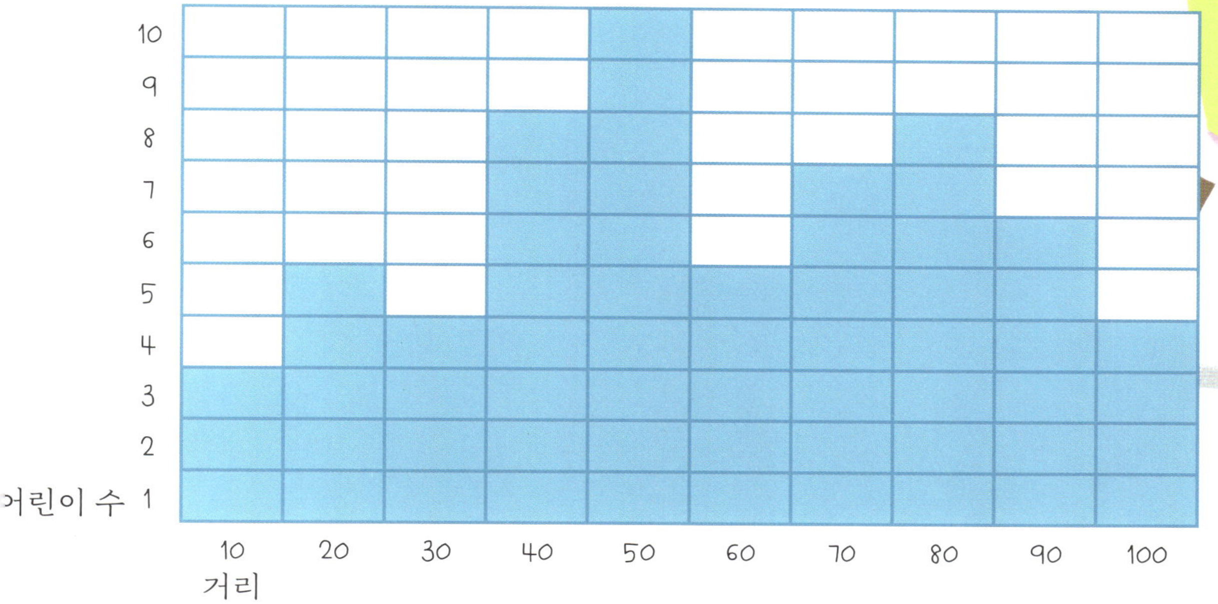

1. 투창을 70만큼 던진 어린이는 몇 명일까요?
2. 투창이 날아간 횟수는 모두 합하면 몇 번일까요?
3. 투창을 50보다 멀리 던진 어린이는 몇 명일까요?
4. 60 이상 던진 경우는 전체의 몇 퍼센트일까요?
5. 80 이상 던진 경우에 대해 30 이하로 던진 경우를 분수로 나타내 볼까요?

앨런 튜링과 함께 풀어 보아요!

전체 어린이 수에 대해 평균 거리를 던진 어린이 수를 분수로 나타내면 어떻게 될까요?

통통 튀어요

테니스공이 벽을 친 후 정확히 90도로 튀어 나온다면
공은 마지막으로 어디에 닿을까요?

날개 펄럭 파티

나비의 오른쪽 날개를 왼쪽 날개와 비교해
다른 곳을 다섯 군데 찾아 표시해요.

앨런 튜링과 함께 풀어 보아요!

2쪽에서 소개한 코드를 이용해 아래 질문에 대한 대답을 찾아보아요.
나비는 피를 빨아 먹을까요?

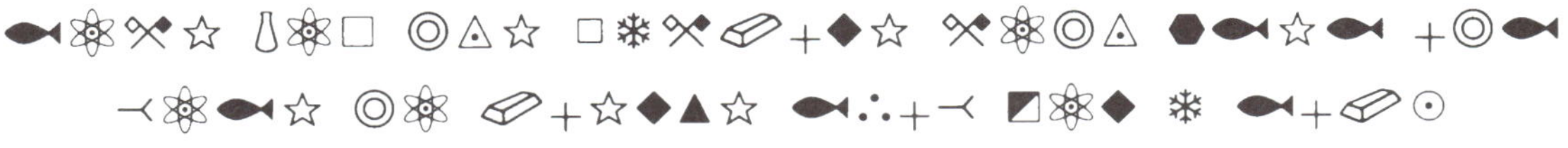

상어가 사는 깊은 바다

네모 바다에 상어가 열 마리 있어요. 한 마리가 4칸을, 두 마리가 3칸씩을, 세 마리가 2칸씩을, 네 마리가 1칸씩을 차지하고 있어요. 상어는 옆으로 또는 아래로는 갈 수 있으나 대각선으로는 갈 수 없어요.

오른쪽과 아래쪽에 있는 숫자들은 가로줄 또는 세로줄에 상어가 각각 몇 마리 있는지 알려 줍니다. 상어 모습 일부는 네모 칸에 이미 그려져 있어요. 옅은 파란색 네모 칸은 비어 있는 곳이에요. 상어들끼리는 서로 옆·아래· 대각선으로 만날 수 없어요. 상어가 있는 곳을 모두 찾아내 볼까요?

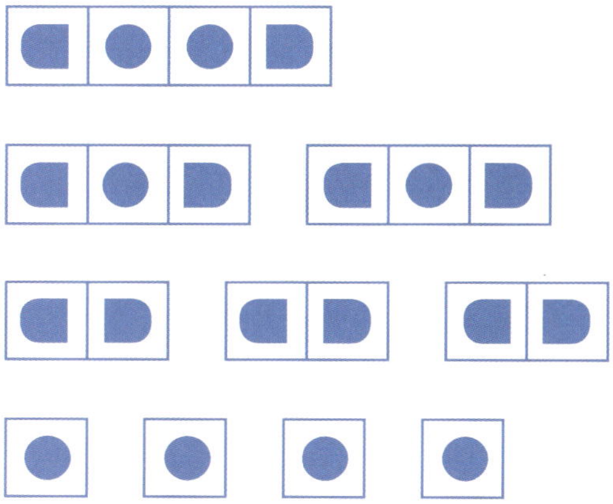

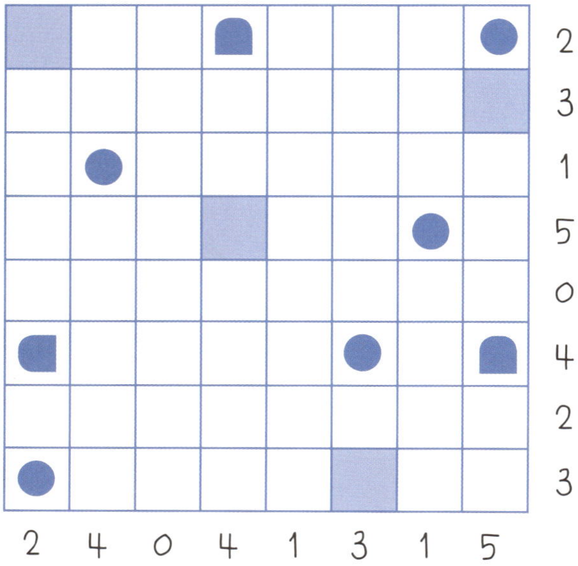

앨런 튜링과 함께 풀어 보아요!

네모 한 칸만 차지한 상어가 수평·수직·대각선으로 서로 만나지 않으며 8×8 표에 나타나려면 모두 몇 마리 있어야 할까요?

피라미드 설계도를 찾아라!

피라미드 설계도를 자세히 살펴보아요.
위에서 본 설계도는 어느 것일까요?

A

B

C

D

여행을 떠나요!

비행기를 타고 여행을 떠났어요! 승객들은 몇 시에 도착했을까요?
도착한 지역의 시간으로 말해 보아요.

올리비아는 오전 7시 35분에 런던을 떠났어요.

부에노스아이레스까지 비행기로 13시간 30분 걸렸어요.

부에노스아이레스는 런던보다 4시간 느려요.

올리비아는 몇 시에 부에노스아이레스에 도착했을까요?

제이크는 저녁 9시 45분에 뉴욕을 떠났어요.

파리까지 비행기로 7시간 40분 걸렸어요.

파리는 뉴욕보다 6시간 빨라요.

제이크는 몇 시에 파리에 도착했을까요?

클로에는 오전 11시 53분에 시드니를 떠났어요.

뭄바이까지 비행기로 14시간 20분 걸렸어요.

뭄바이는 시드니보다 4시간 30분 느려요.

클로에는 몇 시에 뭄바이에 도착했을까요?

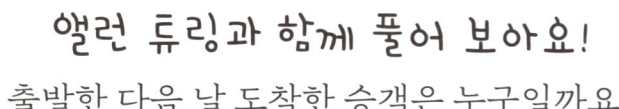

앨런 튜링과 함께 풀어 보아요!

출발한 다음 날 도착한 승객은 누구일까요?

비밀이 많은 비밀 요원

사만다 스닉 요원은 V.I.L.L.A.I.N.HQ에 들어가려면 숫자로 된 암호를 2분 안에 입력해야 해요. 시간이 지나면 알람이 울린답니다. 아래 단서를 이용해 숫자 암호를 찾아볼까요? 암호는 서로 다른 숫자 3개로 되어 있어요.

7	4	1	숫자 하나가 맞고 자리도 맞아요.
1	3	7	숫자 두 개가 맞지만 자리는 틀려요.
7	2	6	숫자 하나가 맞지만 자리는 틀려요.
8	4	3	숫자 하나가 맞지만 자리는 틀려요.
8	5	4	맞는 숫자가 없어요.

너무 무거워요

저울의 양쪽은 서로 같은 무게로 균형을 이루어요. 그렇다면 각 모양의 무게는 어떻게 될까요? 하나의 무게는 미리 재 두었어요.

앨런 튜링과 함께 풀어 보아요!

2쪽에서 소개한 코드를 이용해 재미있는 사실을 알아보아요!

내 친구는 누구일까

아래에 있는 단서를 보고 작은 네모로 된 그림을 색칠해요.
시드니 나무늘보의 친구가 곧 나타날 거예요.

숫자마다 칠해야 하는 색은 아래에 나와 있어요.

5	5	5	5	5	5	5	5	5	5	5	5	5	5	5	5	5	5	5
5	5	5	5	5	5	3	3	3	3	5	5	5	5	5	5	5	5	5
5	5	5	5	5	3	3	1	1	3	5	5	5	5	5	5	5	5	5
5	5	5	5	5	9	9	12	1	3	3	5	5	5	5	5	5	5	5
5	5	5	5	5	9	12	1	1	3	3	5	5	5	5	5	5	5	10
5	5	5	5	5	9	12	1	3	3	3	5	5	5	5	5	5	10	10
5	5	5	5	5	5	3	3	3	3	3	5	5	5	5	5	10	10	5
5	5	5	5	5	3	3	3	3	3	3	5	5	5	5	10	10	5	5
5	5	5	5	5	3	3	3	2	2	3	3	5	5	10	10	5	5	5
5	5	5	5	5	3	3	2	2	2	2	3	3	10	10	5	5	5	5
5	5	5	5	5	3	3	8	8	2	2	2	3	10	5	5	5	5	5
7	7	7	5	5	5	3	4	8	8	8	8	8	3	5	5	7	7	7
7	7	7	7	7	5	5	3	4	4	4	4	4	3	7	7	7	7	7
7	7	7	7	7	11	11	3	3	6	6	6	6	6	7	7	7	7	7
7	7	7	7	7	11	10	10	3	3	6	6	6	6	6	7	7	7	7
7	7	7	7	7	10	10	7	7	7	7	6	6	6	6	6	7	7	7
7	7	7	7	10	10	7	7	7	7	7	7	7	3	6	6	6	7	7
7	7	7	10	10	7	7	7	7	7	7	7	7	7	3	3	7	6	7
7	7	10	10	7	7	7	7	7	7	7	7	7	7	7	3	3	7	7

1	2	3	4	5	6	7	8	9	10	11	12

개구리의 멋 내기

열대우림에 사는 개구리가 어떤 규칙에 따라 변신하고 있어요.
마지막 개구리는 어떤 모습일지 그려 보아요.

위로 올라가기

비어 있는 벽돌에 숫자를 채워 넣어요.
벽돌의 숫자는 바로 아래 두 벽돌 속 숫자의 합과 같아요.

		84			
		44			
20			23		
13			12		6

앨런 튜링과 함께 풀어 보아요!

가장 위에 있는 벽돌의 숫자는 가장 아래 줄에 있는 어떤 숫자로 정확히 나뉘어요. 그 숫자는 무엇일까요?

스케이트보드 타기

스케이트보드를 타는 이 어린이들은
빨강, 파랑, 초록으로 된 길 가운데 어느 길을 따라갈까요?

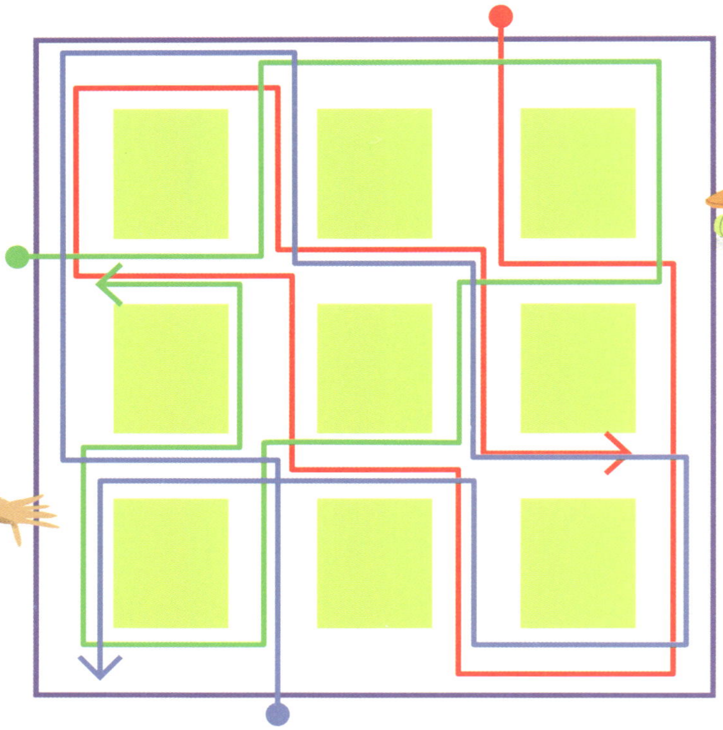

똑바로 가다 첫 번째에서 왼쪽, 그다음 오른쪽, 두 번째에서 오른쪽,
첫 번째에서 오른쪽, 첫 번째에서 왼쪽, 첫 번째에서 오른쪽,
첫 번째에서 왼쪽, 그다음 오른쪽, 다시 오른쪽, 첫 번째에서 오른쪽,
첫 번째에서 왼쪽, 첫 번째에서 오른쪽, 그다음 첫 번째에서 왼쪽.

앨런 튜링과 함께 풀어 보아요!

2쪽에서 소개한 코드를 이용해 재미있는 사실을 알아보아요!

🐟∴❄◎☆◇⚛❄◆⚱+≺✪ ⚛◆+✪+≺❄◎☆⚱ +≺ ▲❄🛢+◩⚛◆≺+❄➣
⬢🐟❄⊙ ◎◬☆ ◩+◆🐟◎ 🐟∴❄◎☆◇⚛❄◆⚱🐟 ◬❄⚱
◬❄≺⚱🛢☆🐟⊙

정원을 나눠 숫자를 심어요

숫자 1~4를 각각 한 번만 넣어 정원을 L자 모양으로 작게 나눠요.
사각형 정원 전체를 모두 나눠야 하며 공간이 남으면 안 돼요.
두 곳은 미리 나눠 놓았어요.

2	4	3	4	2	1	3
3	2	1	2	4	3	1
1	4	4	1	3	4	2
3	1	3	2	4	2	1
2	4	1	3	3	3	2
4	1	2	4	4	1	3
2	3	4	1	2	4	1
1	3	1	2	3	2	4

괴물의 괴상한 식사

어떤 괴물이 언제 무엇을 먹었을까요?
괴물들은 모두 서로 다른 것(자동차, 거미, 세균 같은 것)을
다른 때(아침, 점심, 저녁) 먹었어요. 단서를 이용해 알아보아요.

괴물들은 자동차를 아침으로 먹지 않아요.

세균은 저녁 식사에만 등장해요.

버루카는 아침을 먹지 않아요.

우르크는 세균을 먹지 않아요.

괴물은 모두 거미를 점심으로 먹지 않아요.

검블랫은 저녁을 먹지 않아요.

검블랫은 자동차가 무척
바삭거린다는 걸 알아요.

우르크

검블랫

버루카

깡총깡총 뛰는 토끼

월요일에 농부의 들판에는 토끼가 여덟 마리 있었어요.
화요일에는 월요일에 비해 토끼가 25퍼센트 늘었어요.
수요일에는 화요일에 비해 토끼가 60퍼센트 늘었어요.
목요일에는 수요일에 비해 토끼가 50퍼센트 늘었어요.
금요일에는 목요일에 비해 토끼가 75퍼센트 늘었어요.

금요일에는 토끼가 몇 마리 있었을까요?

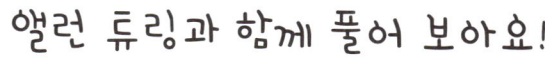

앨런 튜링과 함께 풀어 보아요!

금요일에 있는 토끼는 월요일에 있던
토끼 수의 몇 퍼센트를 더한 것일까요?

꿀벌은 꽃을 따라 윙윙

위의 꽃이 놓인 규칙을 따라갈 수 있게 꿀벌을 안내해 주세요.
위·아래·왼쪽·오른쪽으로 갈 수 있지만 대각선으로는 갈 수 없어요.

앨런 튜링과 함께 풀어 보아요!

2쪽에서 소개한 코드를 이용해 아래 질문의 대답을 찾아보아요.
꿀벌은 꿀을 모으기 위해 얼마나 멀리 날아갈까요?

괴물에게 생긴 괴상한 일

사진이 일부가 사라졌어요. 숫자와 함께 있는 동그라미가 각각 어디로 가야 하는지 찾아볼까요?

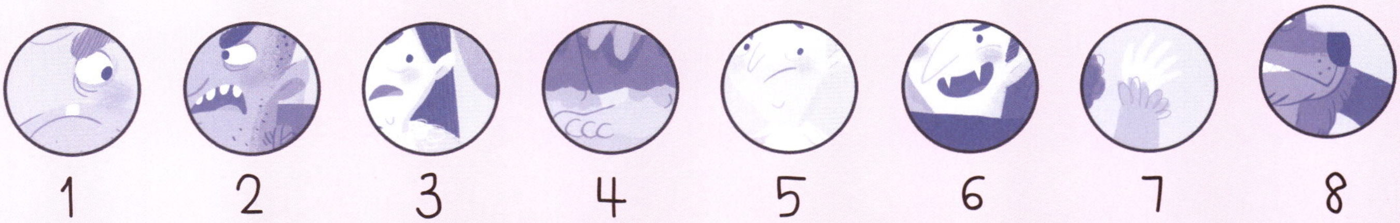

동상의 흔적

고대 사원에 있는 동상과 딱 맞는
그림자는 어느 것일까요?
탐험가를 도와 답을 찾아보아요.

거미줄 따라가기

마법사 웬디가 주문을 외워 숫자 거미줄을 만들었어요. 마법사와 고양이가 왼쪽 꼭대기에서 출발해 오른쪽으로 갈 수 있도록 도와주세요. 점점 커지는 소수(1과 그 수 자신 이외의 자연수로는 나눌 수 없는 자연수)를 따라 바로 붙어 있는 칸으로만 이동해야 해요.

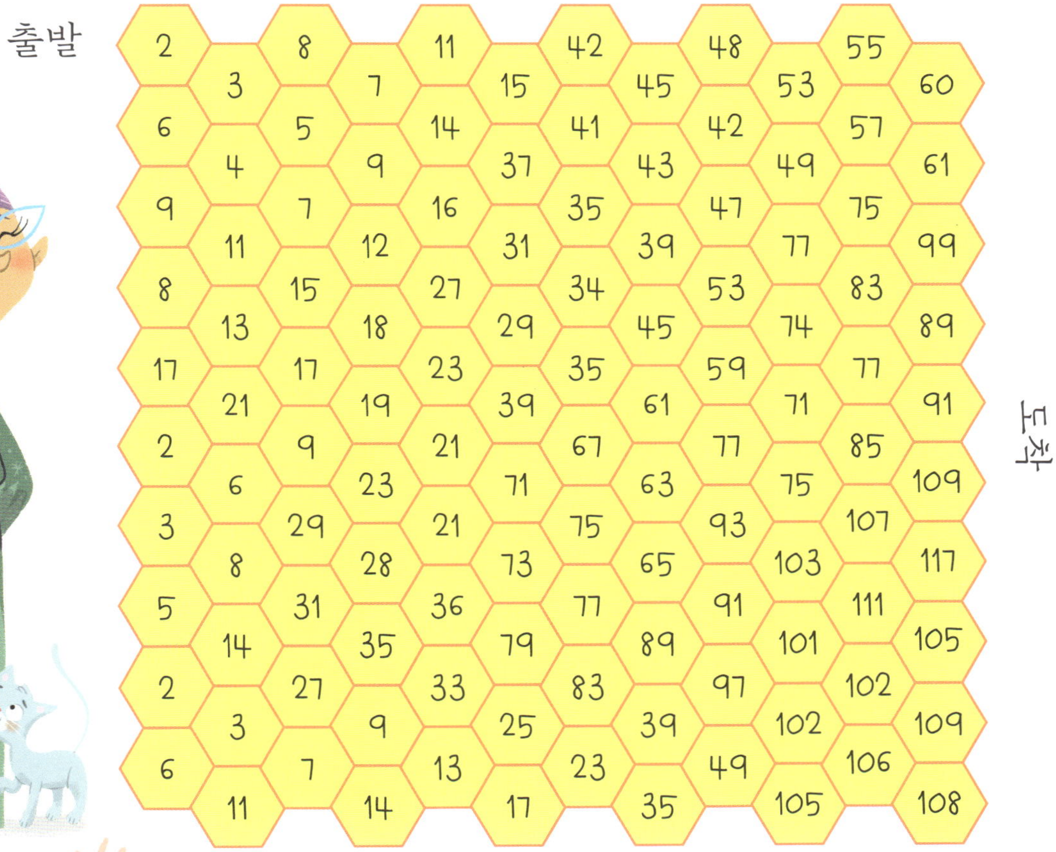

앨런 튜링과 함께 풀어 보아요!

짝수에는 소수가 얼마나 많을까요?

뒤죽박죽 로봇

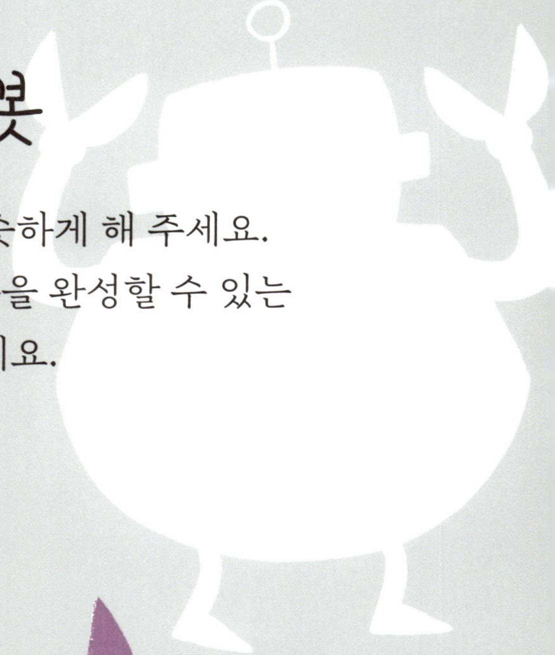

여기 이 로봇을 그의 친구 PD-4와 비슷하게 해 주세요.
로봇의 그림자와 조각들을 비교해 로봇을 완성할 수 있는
조각 여섯 개를 골라 주세요.

줄무늬 무늬 찾기

얼룩말 자크는 독특해요. 자크와 얼룩말 친구들이
서로 다른 부분을 하나씩 찾아볼까요?

앨런 튜링과 함께 풀어 보아요!

2쪽에서 소개한 코드를 이용해 재미있는 사실을 알아보아요!

별 지도를 완성하라!

우주인을 도와 별 지도를 완성해 보아요.

격자판에 별 다섯 개를 더 그려요. 각 가로줄 또는 세로줄에 별 한 개씩, 그리고 각각의 색 사각형에도 별이 한 개씩 들어가야 해요. 하지만 별이 서로 위·아래·옆·대각선으로 붙어 있을 수는 없어요.

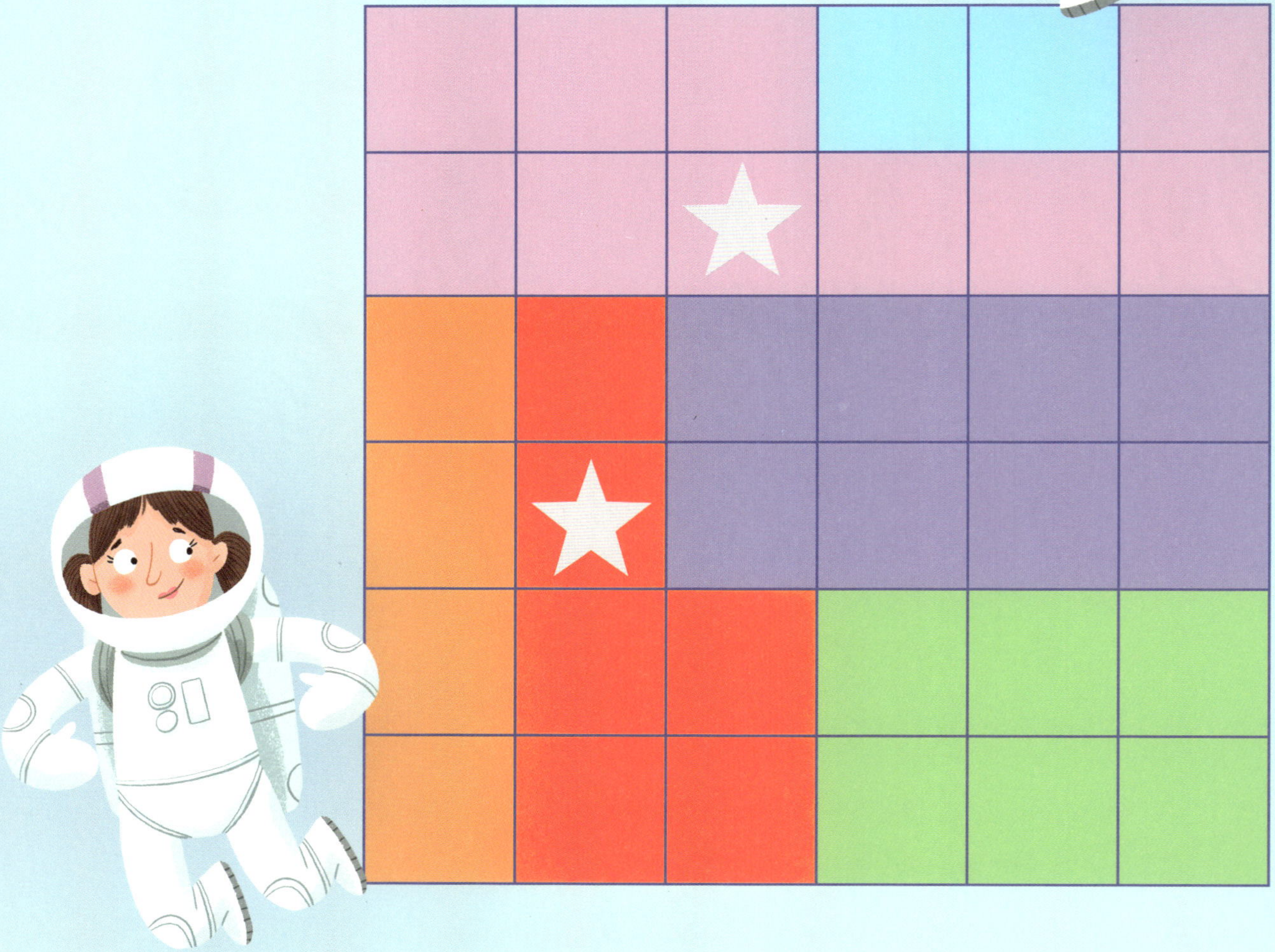

완벽한 모양

격자판 바깥의 모양들을 격자판으로 옮겨 빈칸이 보이지 않게
가득 채워 보아요. 이때 모양을 돌려서는 안 돼요.
모양 두 개는 이미 놓아두었어요.

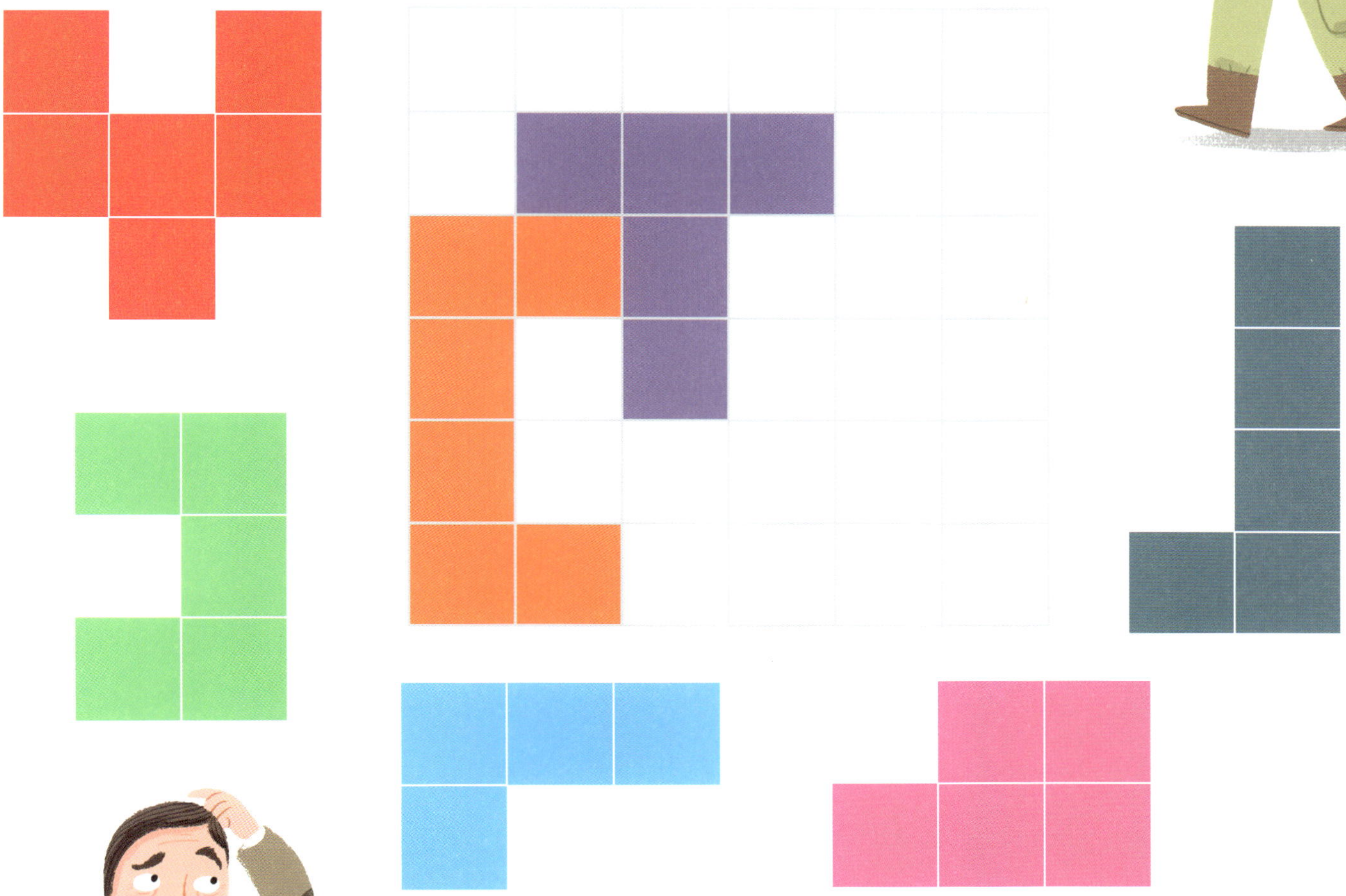

앨런 튜링과 함께 풀어 보아요!

대칭을 이루는 모양은 모두 몇 개일까요?

격자판 숨바꼭질

오른쪽에 있는 2×2 격자와 똑같은
사각형을 아래 그림에서 찾아볼까요?
같은 무늬는 총 세 번 나와요.
무늬를 돌려도 되지만
뒤집으면 안 돼요.

프레첼이 한가득!

빵 굽는 보니는 프레첼을 몇 개나 쌓아 놓았을까요?

앨런 튜링과 함께 풀어 보아요!

2쪽에서 소개한 코드를 이용해 재미있는 사실을 알아보아요!

숲에 숨어 있는 숫자들

매의 눈으로 여기 있는 모든 숫자를 격자판에서 찾아보아요.
숫자는 옆·아래·거꾸로·대각선으로 숨어 있어요.

8	0	2	6	3	1	7	4	0	6
3	5	4	1	0	1	6	2	4	2
2	9	7	8	1	0	3	3	0	3
8	9	4	1	8	9	7	2	4	8
7	1	5	3	1	6	2	0	8	5
1	3	9	1	1	5	1	3	7	2
5	2	1	2	0	7	6	0	1	7
3	0	7	7	4	1	2	8	4	3
6	4	2	6	8	1	5	6	9	1
8	6	1	0	5	4	4	0	8	7

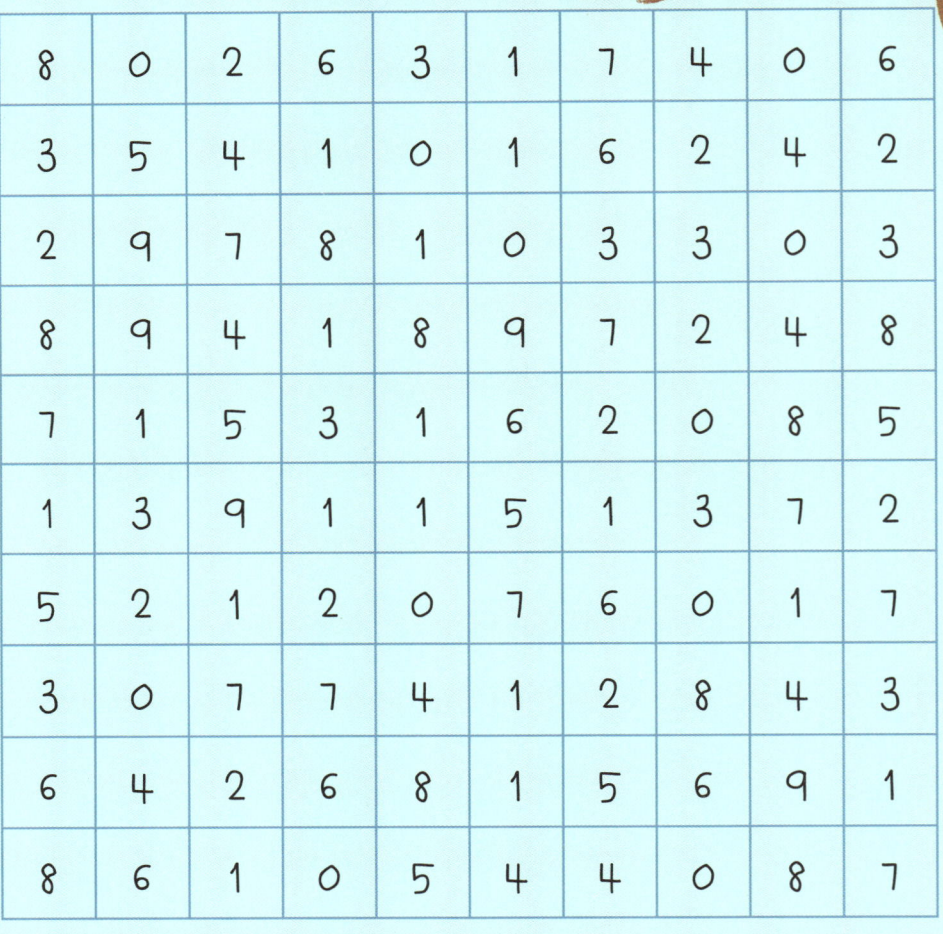

3178
4821
5702
6734
31276
59913
780445
978103
1096571
8627134
40487149
62705220

정의의 순찰대

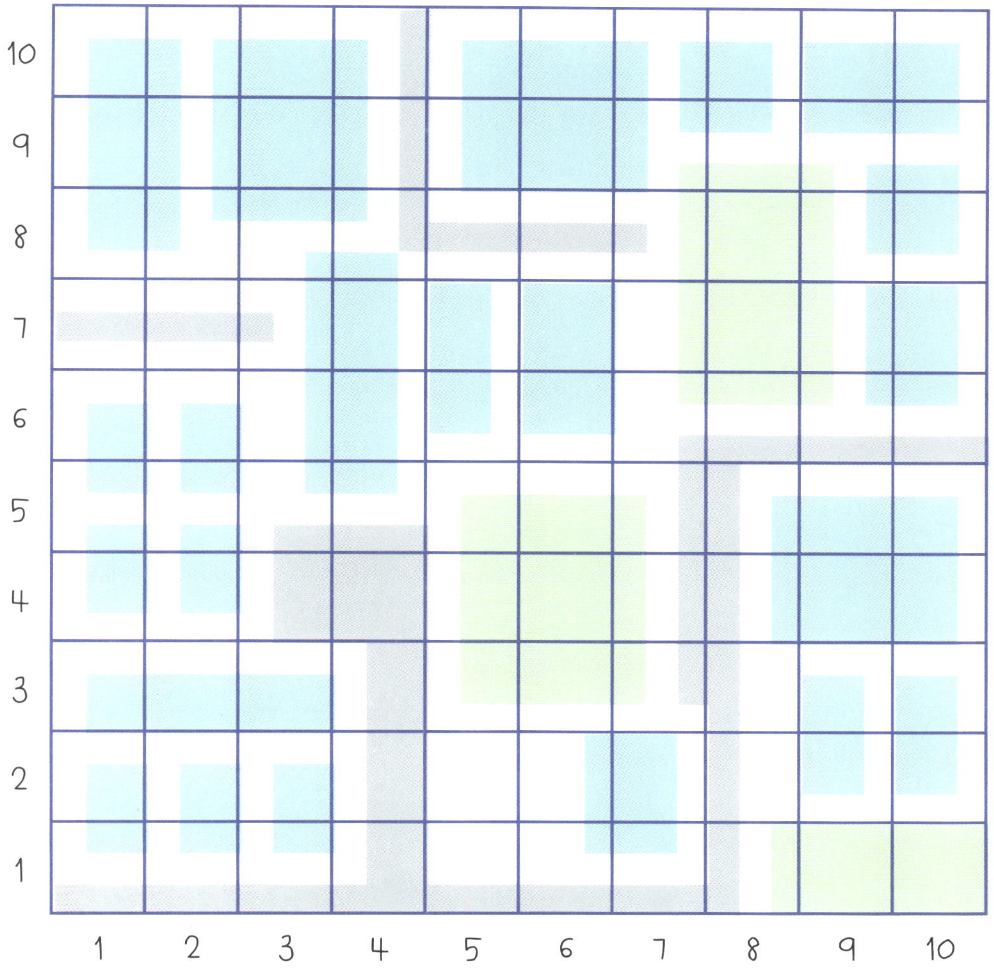

앤빌걸(Anvil Girl)이 야간 순찰 다닌 곳을 지도에 표시해요. 찾아낸 길은 어떤 모양을 만들 거예요!

좌표에는 가로가 먼저, 세로가 나중에 표시돼요: (3,2) (3,4) (4,4) (4,6) (2,6) (1,9) (10,9) (8,7) (8,6) (7,6) (7,4) (8,4) (8,2) (3,2)

앨런 튜링과 함께 풀어 보아요!

찾아낸 길은 어떤 모양인가요?

섬나라 물놀이

숫자만큼 네모를 색칠해 직사각형이나
정사각형을 만들어 그 숫자를 둘러싸 보아요.

섬은 서로 붙어 있지
않아야 하지만
섬 모퉁이는 붙어도 돼요.
섬과 섬을 나누어 주는
물결의 너비는 사각형
하나만큼이어야 해요.
몇몇 칸은 미리
색칠해 두었어요.

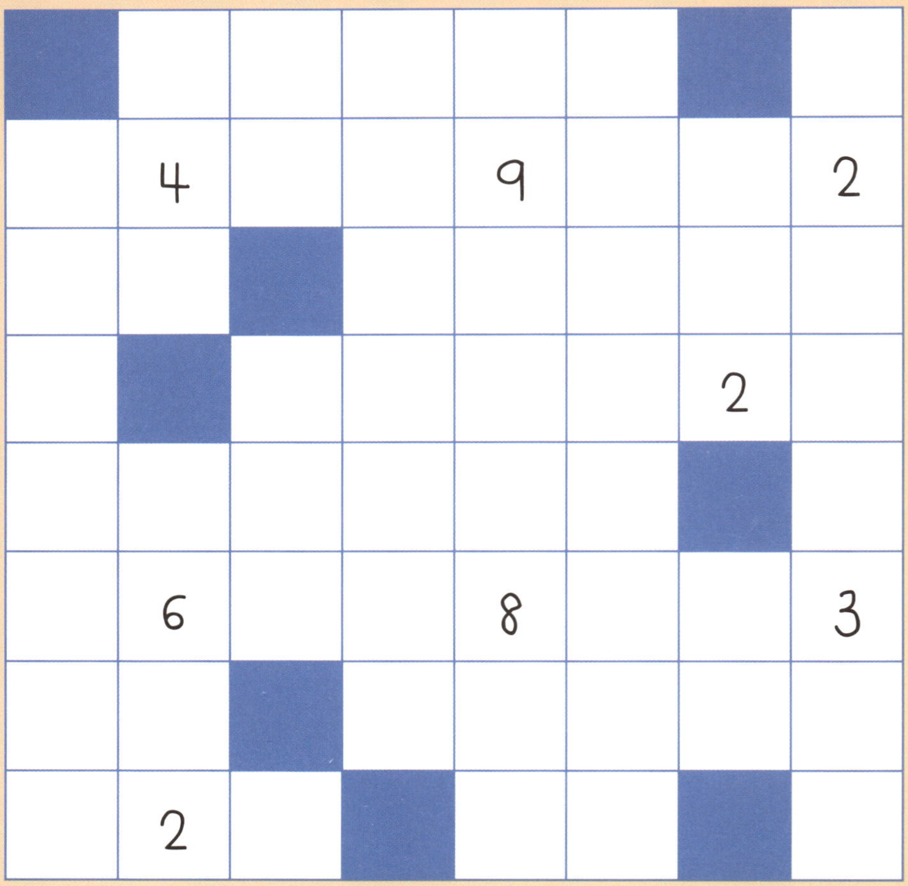

신선함을 담았어요

스도쿠사우루스를 완성해 보아요.

선사 시대의 스도쿠 퍼즐을 완성해 보아요. 비어 있는 칸에 1부터 9까지 숫자를 써요. 다만, 각각의 가로줄 또는 세로줄 그리고 3×3 상자 속 9개 칸에 1에서 9까지 숫자가 모두 들어 있어야 해요.

7	9		2			6		4
		3		7				9
8					9		1	
		8	4		1	5		2
	2			3			4	
4			8		6	1		3
	1		9					8
9				4		3		
2		4			3		5	7

앨런 튜링과 함께 풀어 보아요!

2쪽에서 소개한 코드를 이용해 아래 질문의 대답을 찾아보아요.

어떤 공룡이 가장 큰가요?

모양이 행진을 한다고?

여기 이 모양 다음에는 어떤 모양이 올까요?

A

B

C

위에서 내려다보기

여기 있는 쌓기 블록을 위에서 내려다본다고
상상해 보아요. 정육면체 조합을 위에서
내려다본 그림으로 가장 적절한 것은
A~F 중 어느 것일까요?

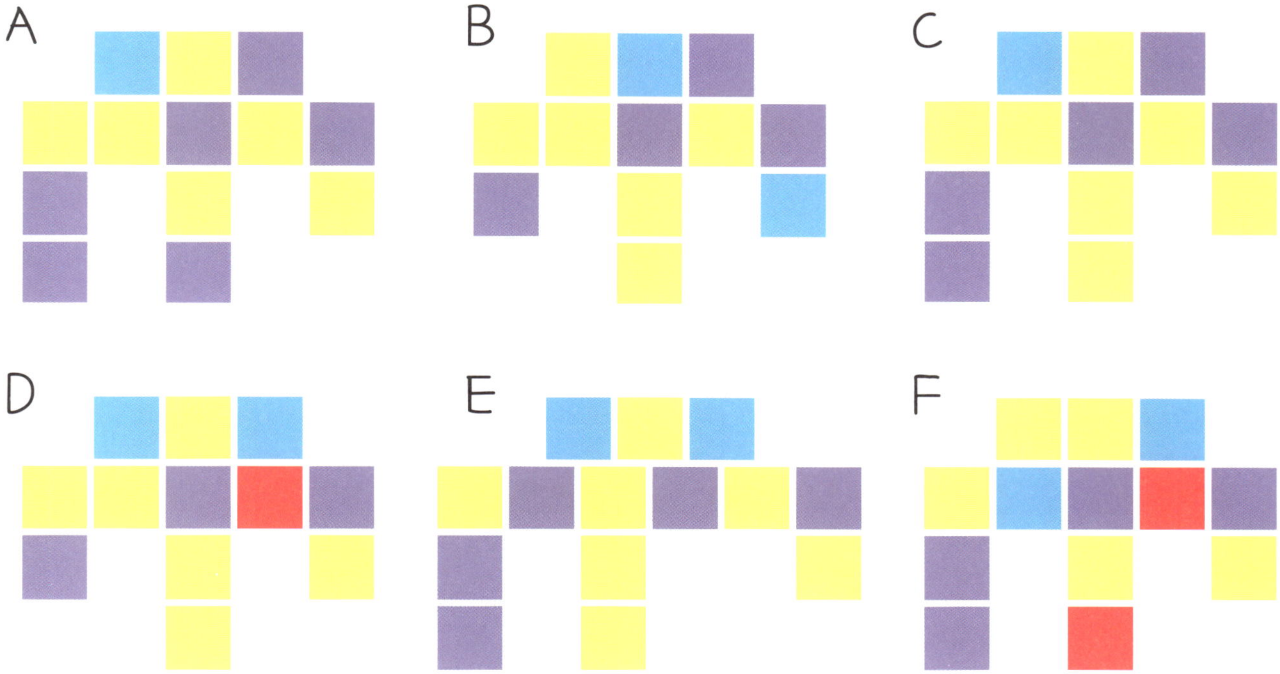

앨런 튜링과 함께 풀어 보아요!

쌓아 놓은 블록은 모두 몇 개일까요?
가장 아랫단 위 블록은 모두 바로 아래 블록들이 받쳐 주네요.

해적의 보물 찾기

설명을 잘 읽고 숨겨진 보물을 찾아요!

N, S, E, W는 각각 북쪽·남쪽·동쪽·서쪽을 나타내요. 숫자는 그 방향으로 가려면 몇 칸을 움직여야 하는지 나타냅니다. 빨간 삼각형에서 출발해 보물이 묻혀 있는 칸을 찾아 × 표시를 해요!

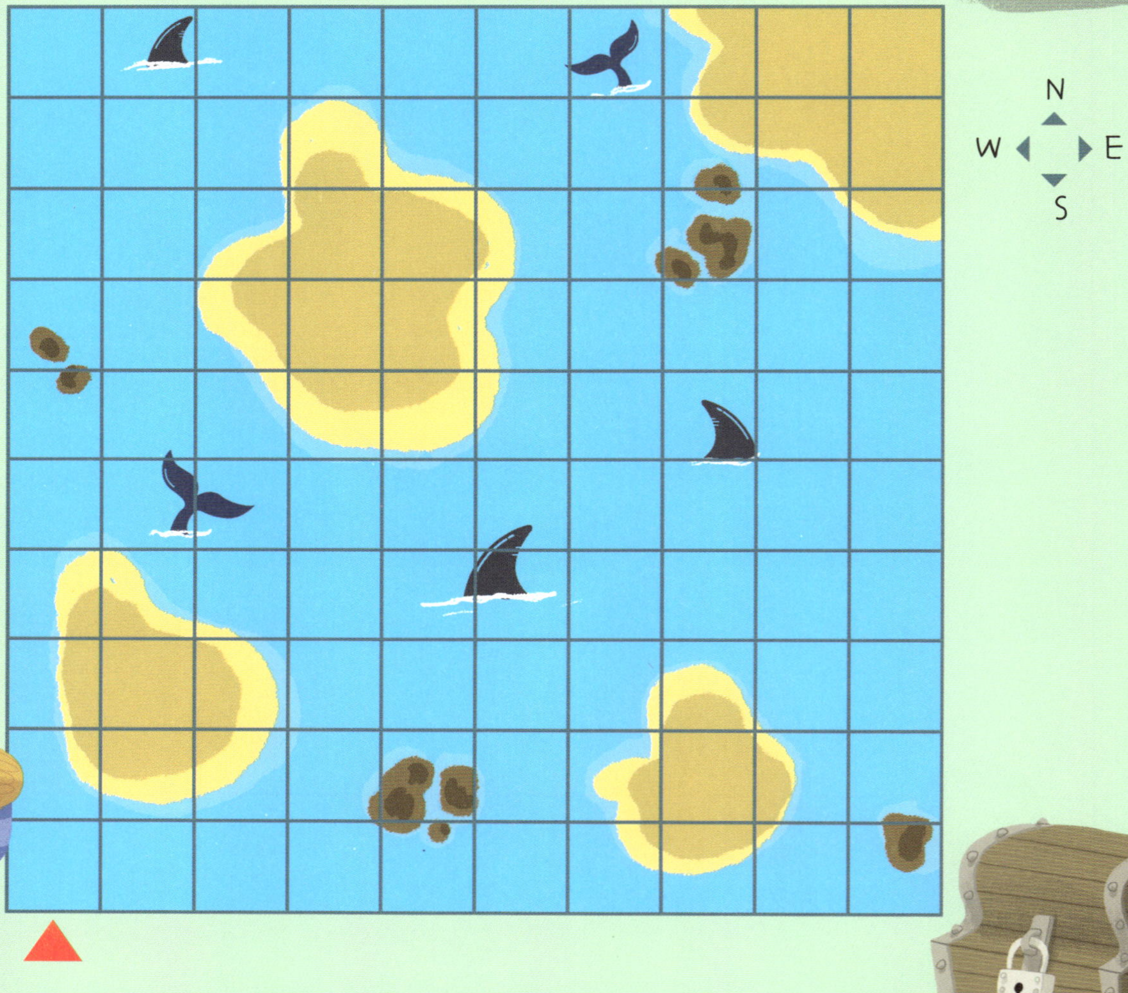

N6, E4, S2, E3, N1, W5, N1, W1, N3, E1, N1, E3, S3, E1, N2, E2, S5, E1, S3, W4, N2, W1, N2, W3, N2, E1.

기세등등 점박이

점과 점을 수평과 수직으로 잇되 점 하나에서 두 선이 만나
고리 모양이 되도록 선을 그어요.

각각의 숫자는 선 몇 개로 둘러싸일지 말해 보아요.
모든 점을 다 쓸 필요는 없어요. 몇몇 선은 미리 자리를 잡아 두었어요.

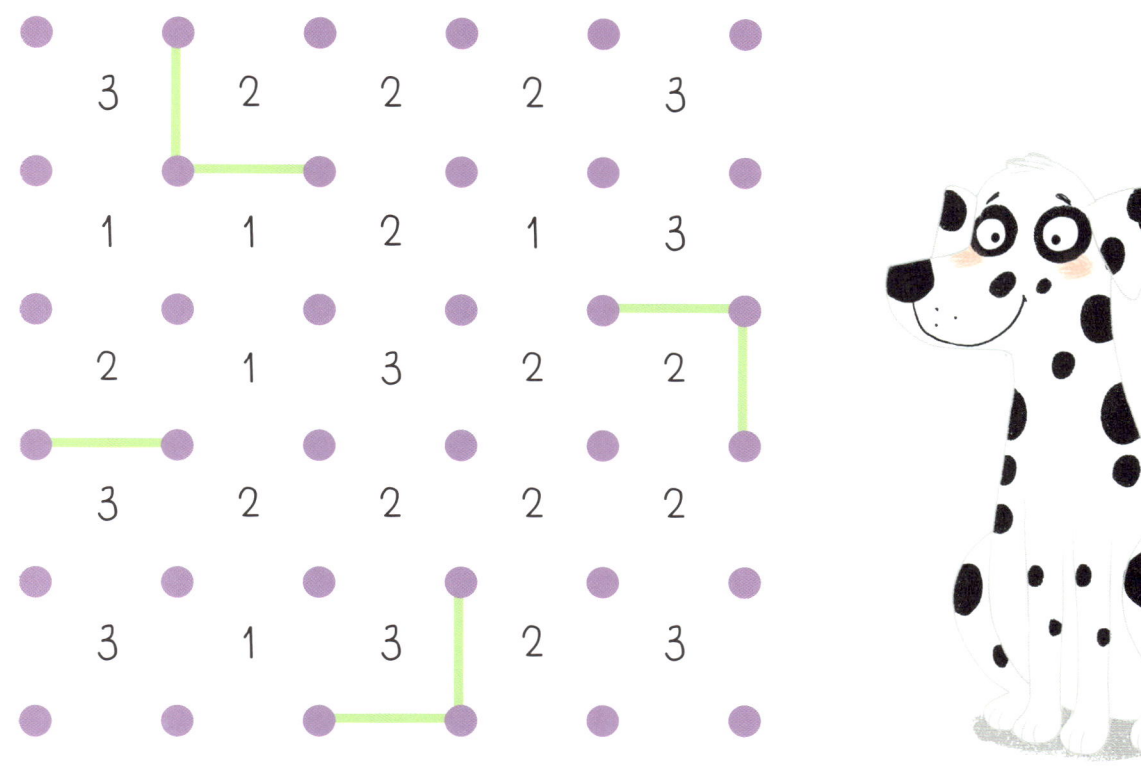

앨런 튜링과 함께 풀어 보아요!

2쪽에서 소개한 코드를 이용해 재미있는 사실을 알아보아요!

놀이동산 데칼코마니

회전컵 타기는 누구나
좋아하는 놀이지요!
바르게 놓인 것과
거꾸로 놓인 것에서
다른 부분 여덟 군데를
찾아보아요.

앨런 튜링과 함께 풀어 보아요!

2쪽에서 소개한 코드를 이용해 재미있는 사실을 알아보아요!

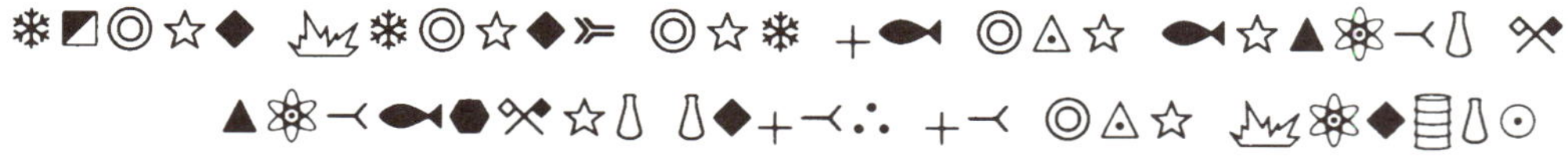

쌍둥이 모양

각 모양의 짝을 찾아 선을 그어 보아요.

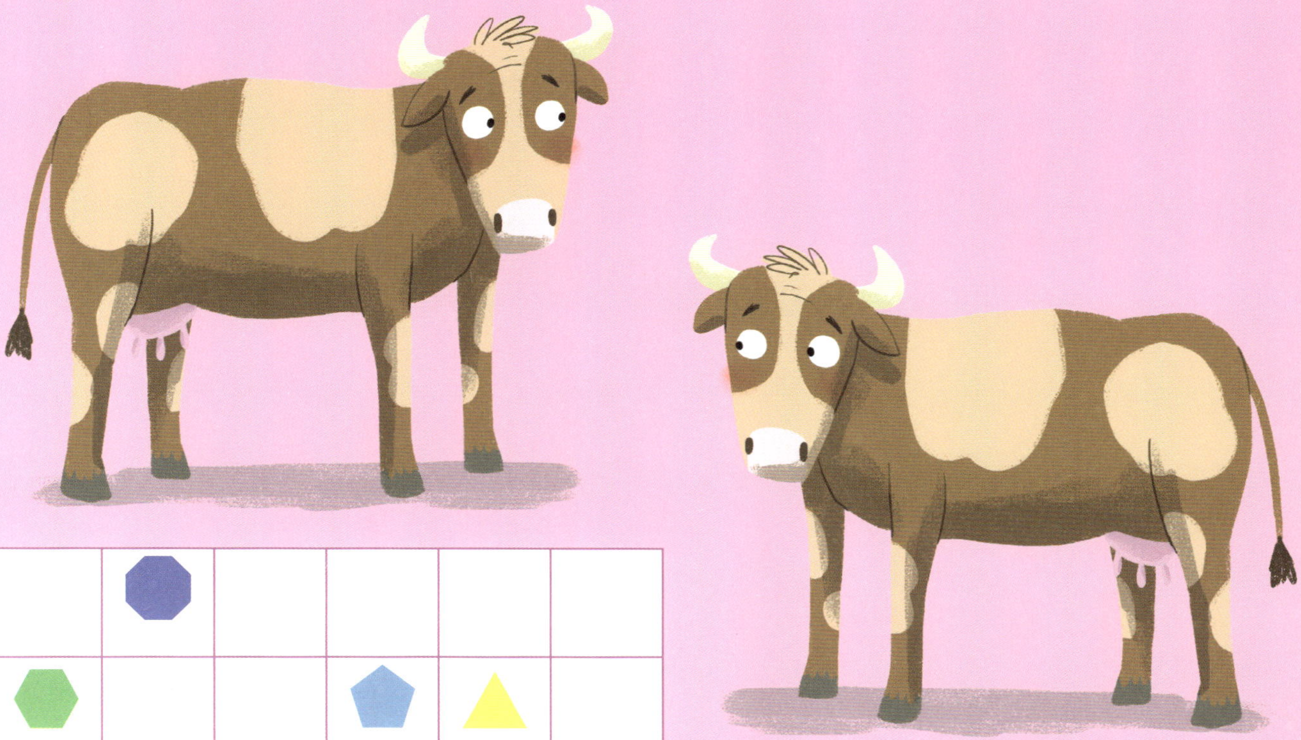

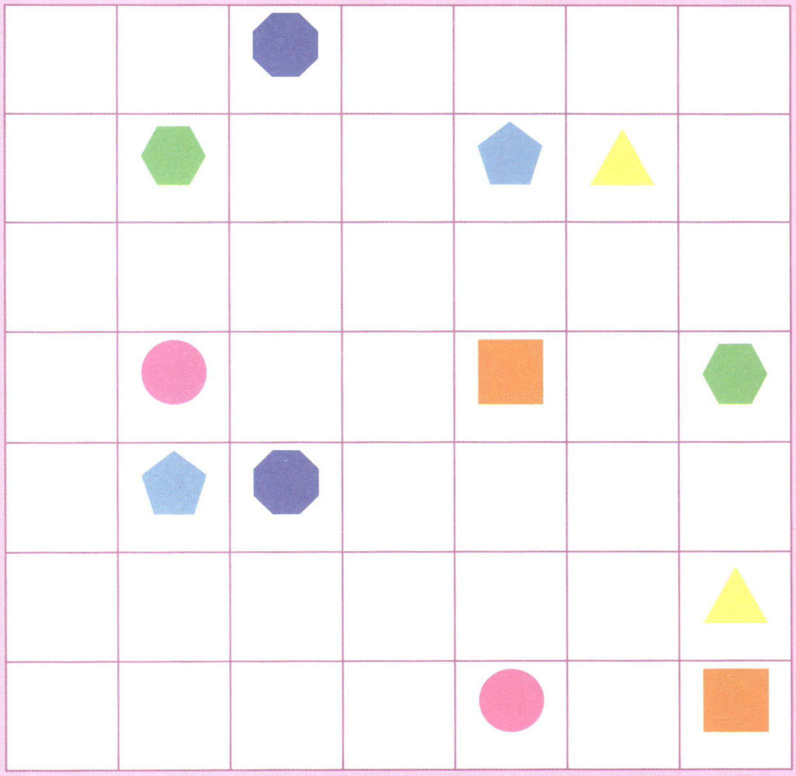

선은 위·아래·옆으로
그을 수 있지만 대각선으로는
그을 수 없어요.
모든 칸은 한 번만 지나갈 수 있고
선을 겹치면 안 돼요!

숫자의 관계 찾기

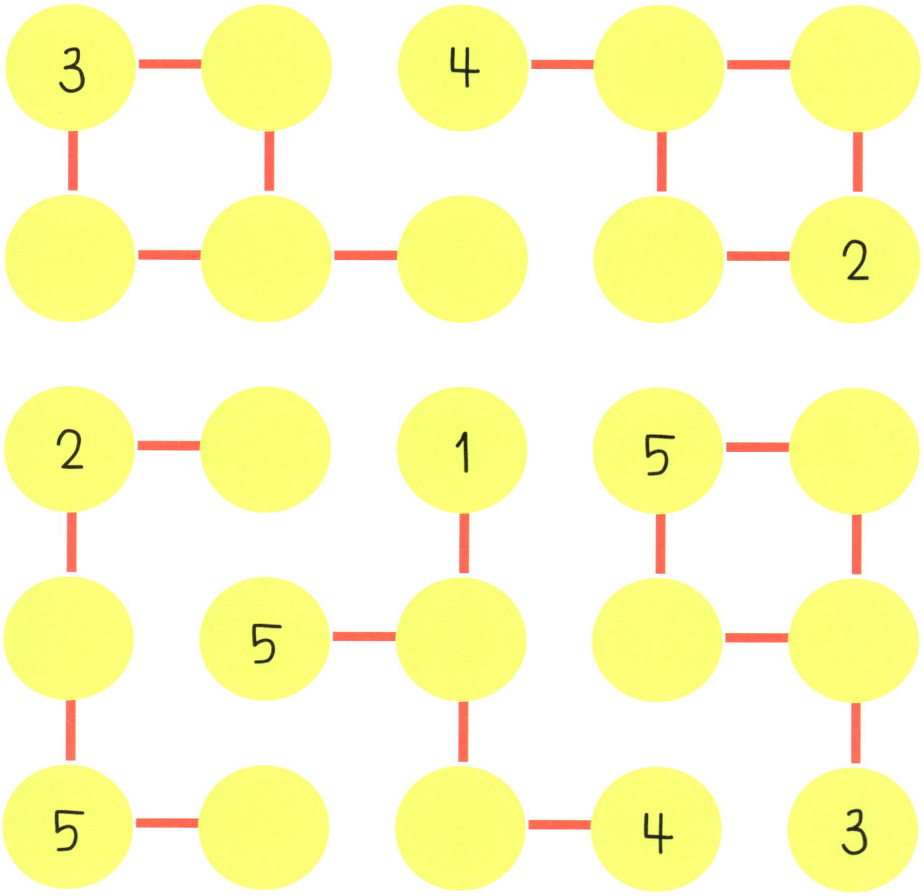

동그라미에 숫자를 1에서 5까지 적어요. 모든 가로줄 또는 세로줄 그리고 빨간 선으로 이어진 동그라미 다섯 개에는 숫자가 한 번씩만 나와야 해요. 숫자 몇 개는 써 놓았어요.

앨런 튜링과 함께 풀어 보아요!

한 그룹으로 연결된 숫자를 모두 더하면 얼마가 될까요?

어릿광대의 저글링

정말 멋진 저글링 묘기예요! 네 가지 물건은 모두 무게가 달라요.
아래 표의 가로줄 또는 세로줄에는 무게의 합을 표시해 놓았어요.
각 물건의 무게가 얼마일지 알아보아요.
여기에서 힌트는 곤봉이 가장 무겁다는 거예요.

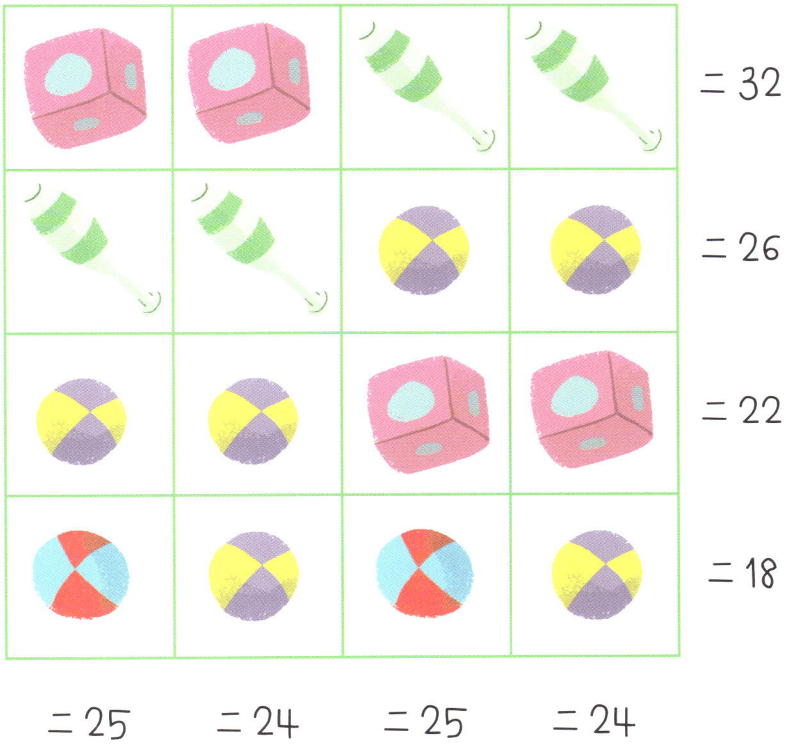

앨런 튜링과 함께 풀어 보아요!

2쪽에서 소개한 코드를 이용해 재미있는 사실을 알아보아요!

퍼즐 해답!

최선을 다해 퍼즐을
풀어 보지 않았다면 이곳을
엿보아서는 안 돼요! 퍼즐이 너무
어려워 앞으로 나아갈 수 없을
때는 문제를 찬찬히
다시 읽어 보세요.

해답

4쪽

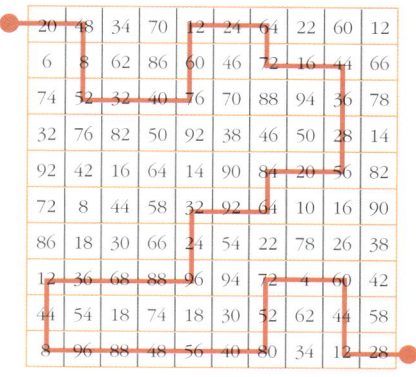

20	48	34	70	12	24	64	22	60	12
6	8	62	86	60	46	72	16	44	66
74	52	32	40	76	70	88	94	36	78
32	76	82	50	92	38	46	50	28	14
92	42	16	64	14	90	84	20	56	82
72	8	44	58	32	92	64	10	16	90
86	18	30	66	24	54	22	78	26	38
12	36	68	88	96	94	72	4	60	42
44	54	18	74	18	30	52	62	44	58
8	96	88	48	56	40	80	34	12	28

앨런 튜링과 함께 풀어 보아요!

정답: 12와 44

5쪽

22	3	16	15	9
20	14	7	23	1
8	21	5	19	12
4	17	13	6	25
11	10	24	2	18

6쪽

E

D

7쪽

C 모양이 된다.

앨런 튜링과 함께 풀어 보아요!

정답: Only twelve people have ever walked on the moon.(지금까지 오직 열두 명만 달 위를 걸어 보았습니다.)

8쪽

6	÷	3	×	9	=	18
×		+		×		
4	−	2	×	5	=	10
−		×		+		
8	×	7	−	1	=	55
=		=		=		
16		35		46		

앨런 튜링과 함께 풀어 보아요!

정답: $9 \times 8 + 7 = 79$

9쪽

정답: 파랑 화살표

10쪽

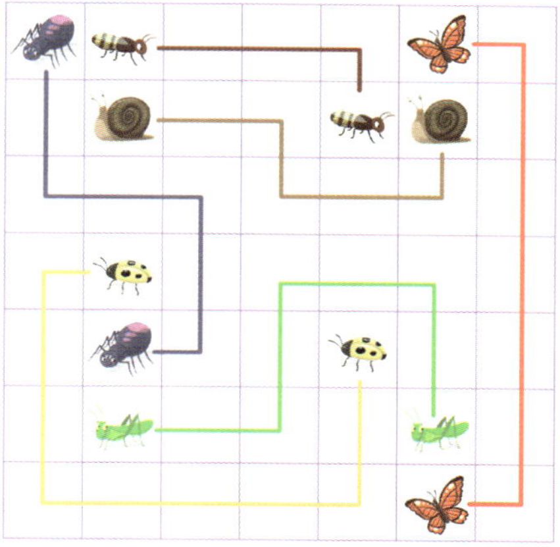

11쪽

$^{5}/_{4}$
1.2
$^{7}/_{7}$
$^{3}/_{4}$
0.6
$^{1}/_{2}$
0.4
$^{1}/_{3}$
$^{3}/_{10}$
$^{1}/_{4}$
$^{1}/_{5}$
0.1

앨런 튜링과 함께 풀어 보아요!

정답: $1.2 = 6/5$, $0.6 = 3/5$, $0.4 = 2/5$, $0.1 = 1/10$

해답

12쪽

	도착	출발	주차한 시간	주차 요금
자동차 1	오전 8시 5분	오후 12시 17분	4시간 12분	21,500원
자동차 2	오전 8시 47분	오후 3시 34분	6시간 47분	34,000원
자동차 3	오전 9시 15분	오후 4시 24분	7시간 9분	36,500원
자동차 4	오전 9시 55분	오후 11시 45분	1시간 50분	9,000원
자동차 5	오전 10시 27분	오후 6시 34분	8시간 7분	41,500원

앨런 튜링과 함께 풀어 보아요!

정답: The average car spends 95 percent of its time parked.(자동차는 대개 시간의 95퍼센트를 주차하는 데 씁니다.)

13쪽

14쪽

A 농장은

(4×10)+(5×5)+(4×9)=101제곱미터

B 농장은

(4×6)+(11×9)+(3×8)=147제곱미터

15쪽

세 인어 공주는 각각 분홍 조개 9개, 노란 조개 8개, 주황 조개 6개, 하얀 조개 11개를 갖는다. 모두 합하면 34개이다.

앨런 튜링과 함께 풀어 보아요!

정답: 분홍 조개 3개, 주황 조개 2개, 하얀 조개 1개

16쪽

A그룹은 제곱수의 모임이에요. 따라서 27은 어울리지 않아요.

B그룹은 소수의 모임이에요. 따라서 15는 어울리지 않아요.

C그룹은 세제곱수의 모임이에요. 따라서 49는 어울리지 않아요.

D그룹은 삼각수의 모임이에요. 따라서16은 어울리지 않아요. 삼각수는 다음 규칙을 따라요.

1+2=3

1+2+3=6

1+2+3+4=10

1+2+3+4+5=15

17쪽

앨런 튜링과 함께 풀어 보아요!

On carousels in the UK, the horses usually face left. In mainland Europe and the US, they face right.(영국에 있는 회전목마는 보통 왼쪽으로 돌아요. 유럽 본토와 미국의 회전목마는 보통 오른쪽으로 돈답니다.)

18쪽

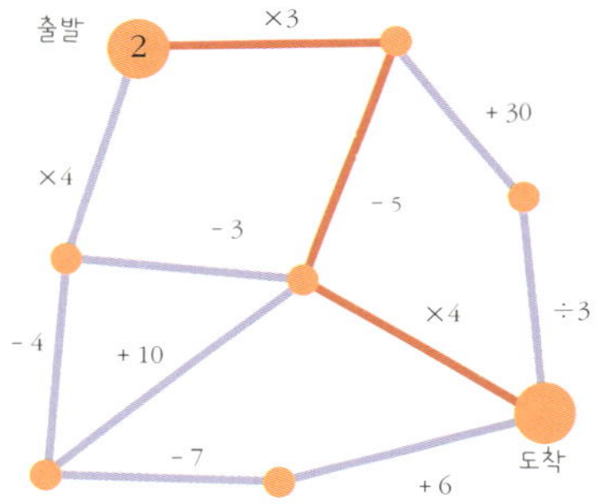

앨런 튜링과 함께 풀어 보아요!

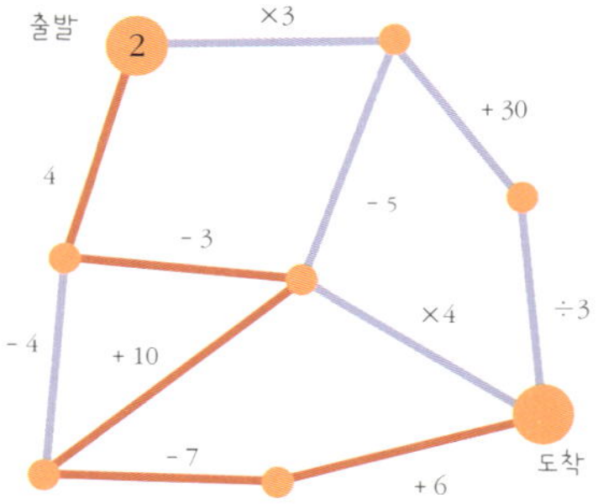

해답

19쪽

3	4	9	14

20쪽

토끼: 2킬로미터(4분)+5분+1킬로미터(2분)+10분+2킬로미터(4분)=5킬로미터를 25분에 갔음.

호랑이: 5킬로미터를 16분 40초에 갔음.

얼룩말: 2$\frac{1}{2}$킬로미터(6분)+1분+2킬로미터(6분)+$\frac{1}{2}$킬로미터(1분)=5킬로미터를 14분에 갔음.

가젤: $\frac{1}{2}$킬로미터(1분)+10분+4$\frac{1}{2}$킬로미터(6분)=5킬로미터를 17분에 갔음.

따라서 얼룩말이 5킬로미터를 가장 적은 시간에 달렸어요.

앨런 튜링과 함께 풀어 보아요!

정답: The fastest land animal is the cheetah.(가장 빠른 육지 동물은 치타예요.)

21쪽

킹즐리 킥커즈 대 스프링필드 스트라이커즈	3 대 1
킹즐리 킥커즈 대 윌섬 위너즈	2 대 0
킹즐리 킥커즈 대 딩고 드리블러즈	1 대 1
스프링필드 스트라이커즈 대 윌섬 위너즈	4 대 2
스프링필드 스트라이커즈 대 딩고 드리블러즈	0 대 3
윌섬 위너즈 대 딩고 드리블러즈	3 대 3

따라서 딩고 드리블러즈가 7점으로 가장 많은 점수를 냈어요.

22쪽

	0	1		1
		3		
1				0
		2	2	
0			1	

1	2			1
	3		3	2
		1		1
2	2			
		1		0

앨런 튜링과 함께 풀어 보아요!

정답: 9

23쪽

A. 3/4, B. 3/8, C. 1/2, D. 1/8, E. 5/8

해답

24쪽

25쪽

	과자	컵케이크
월요일	16	20
화요일	8	15
수요일	8	30
목요일	12	0
금요일	6	20
합계	50	85

26쪽

6	8	9	3	2	5	7	1	4
1	2	5	4	8	7	6	3	9
7	3	4	1	6	9	5	8	2
9	5	1	2	7	3	8	4	6
3	4	8	6	5	1	2	9	7
2	7	6	8	9	4	1	5	3
8	1	7	9	4	6	3	2	5
4	6	2	5	3	8	9	7	1
5	9	3	7	1	2	4	6	8

앨런 튜링과 함께 풀어 보아요!

정답: 45

27쪽

이것은 다른 것들보다 눈의 개수는 적고 이의 개수는 많아요.

28쪽

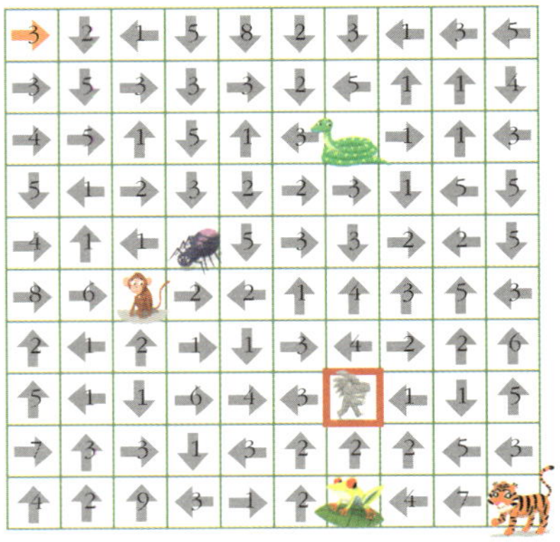

29쪽

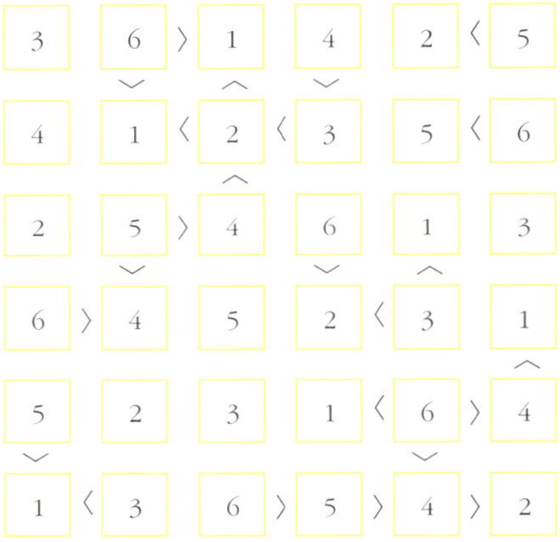

앨런 튜링과 함께 풀어 보아요!

정답: The longest roller coaster ride in the world is in Japan.(세계에서 가장 긴 롤러코스터는 일본에 있어요.)

해답

30쪽

100 ÷ 4 = 25

7 × 3 = 21

6 × 8 = 48

99 ÷ 3 = 33

36 × 4 = 144

4 × 4 × 4 = 64

100 × 100 = 10,000

15 × 6 = 90

2 × 9 = 18

84 ÷ 7 = 12

31쪽

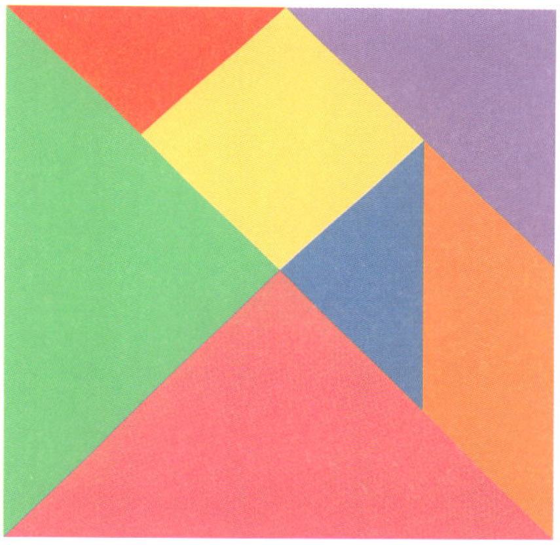

앨런 튜링과 함께 풀어 보아요!

정답: 9

32쪽

앨런 튜링과 함께 풀어 보아요!

정답: The first working robot made cars in 1961.(작업 로봇은 1961년에 처음으로 자동차 만드는 일을 했어요.)

33쪽

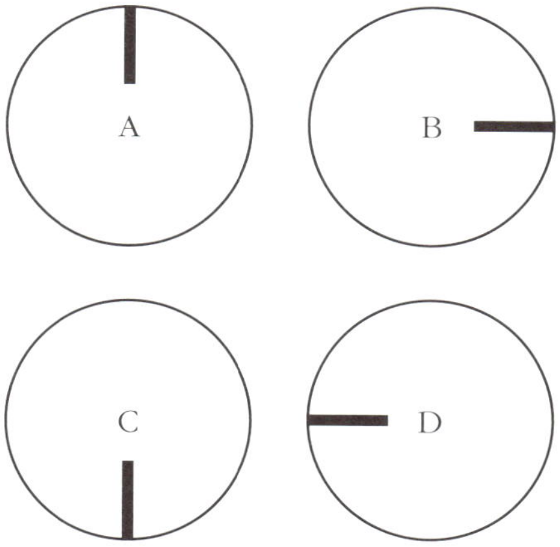

34쪽

길찾기 3

35쪽

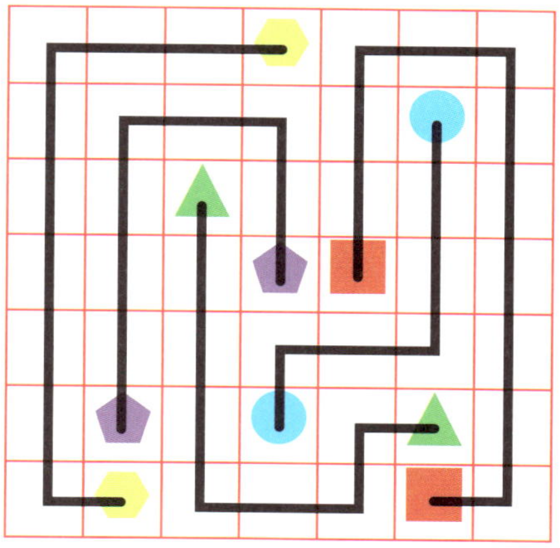

앨런 튜링과 함께 풀어 보아요!

정답: Octopuses have three hearts and blue blood.(문어는 심장이 세 개 있으며 피 색깔이 파랗습니다.)

36쪽

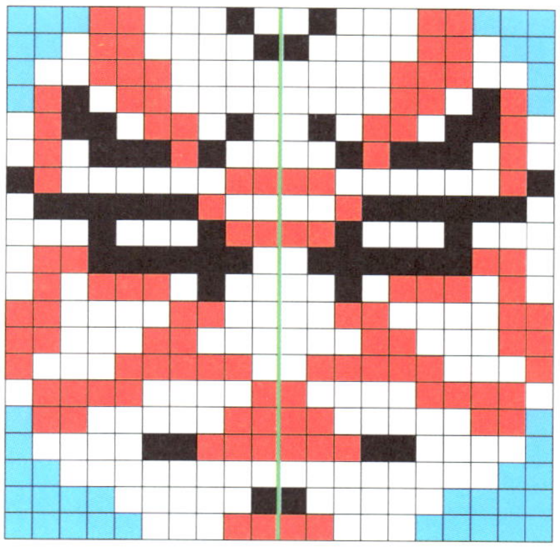

앨런 튜링과 함께 풀어 보아요!

정답: Try using a mirror to help you.(거울을 이용하면 한결 쉬워요.)

해답

37쪽

달리기 경주: 1등 마틴, 2등 소피아, 3등 알렉스, 4등 라일리, 5등 레아

장애물 경주: 1등 라일리, 2등 알렉스, 3등 마틴, 4등 레아, 5등 소피아

38쪽

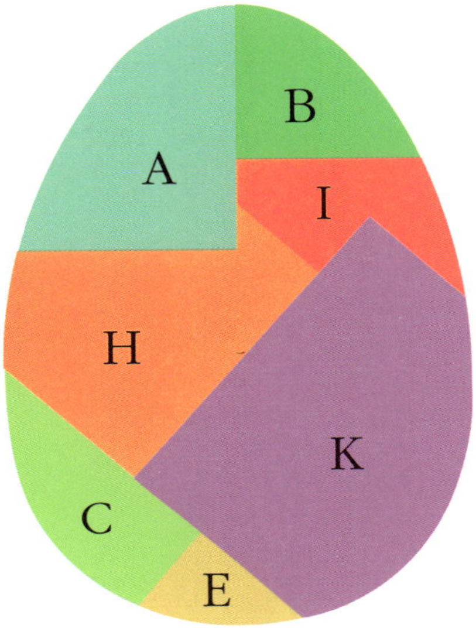

앨런 튜링과 함께 풀어 보아요!

정답: The ostrich. Its egg is about twenty-four times bigger than a chicken egg. (타조. 타조알은 달걀 24개만큼 커요.)

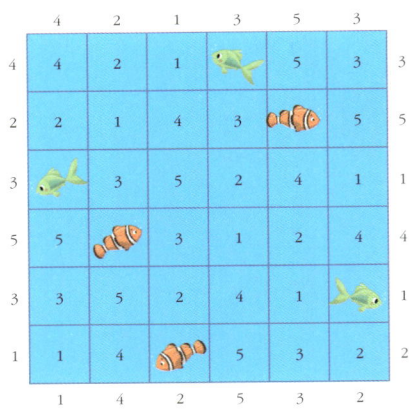

39쪽

	4	2	1	3	5	3	
4	4	2	1		5	3	3
2	2	1	4	3		5	5
3		3	5	2	4	1	1
5	5		3	1	2	4	4
3	3	5	2	4	1		1
1	1	4		5	3	2	2
	1	4	2	5	3	2	

40쪽

표에는 마르코나아몬드가 없어요.

c	d	b	a	p	p
a	n	r	p	e	e
s	o	a	e	n	a
h	m	z	c	i	n
e	l	i	a	p	u
w	a	l	n	u	t

앨런 튜링과 함께 풀어 보아요!

정답: macadamia(마카다미아)

41쪽

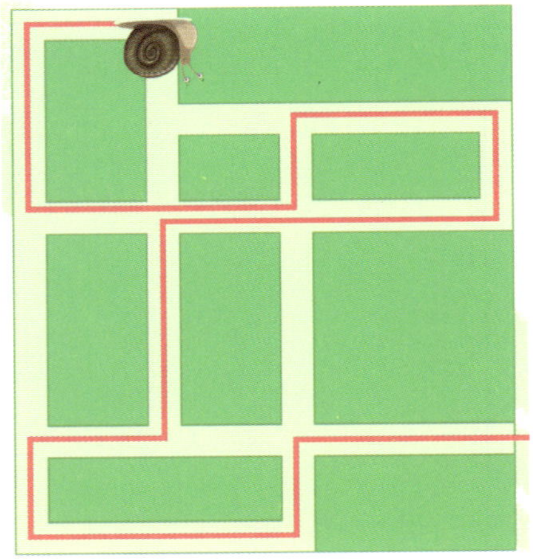

42쪽

레아는 드럼을 연주하고, 스카이는 바이올린을 연주하고, 엘라는 베이스기타를 연주하고, 나오미는 키보드를 연주하고, 루비는 전자기타를 연주해요.

앨런 튜링과 함께 풀어 보아요!

정답: The Greek national anthem has 158 verses!(그리스 국가는 158절까지 있어요!)

해답

43쪽

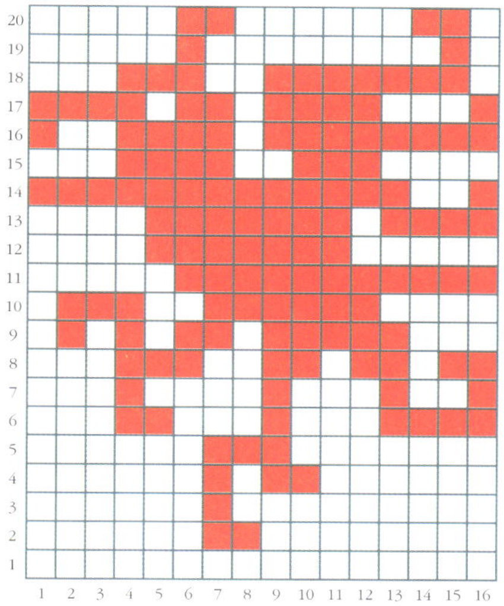

44쪽

앨런 튜링과 함께 풀어 보아요!

정답: While alligators have powerful bites, an adult human could hold their jaws shut. (악어는 무는 힘이 강한 데 비해 성인은 턱을 꼭 다물 수 있어요.)

45쪽

46쪽

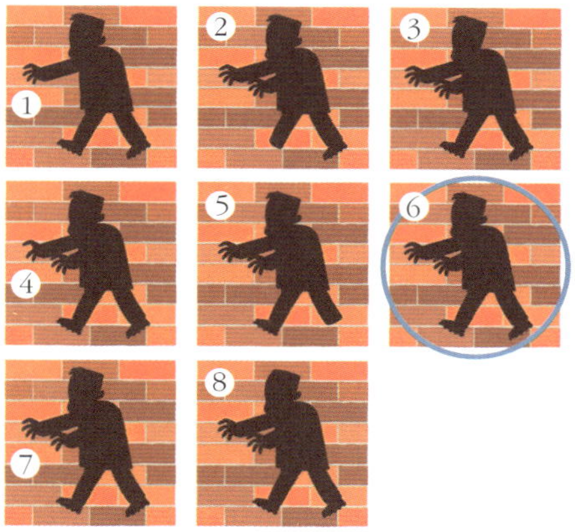

47쪽

1. 7, 2. 60, 3. 30, 4. 50%, 5. $^{2}/_{3}$.

앨런 튜링과 함께 풀어 보아요!

정답: $^{1}/_{6}$

48쪽

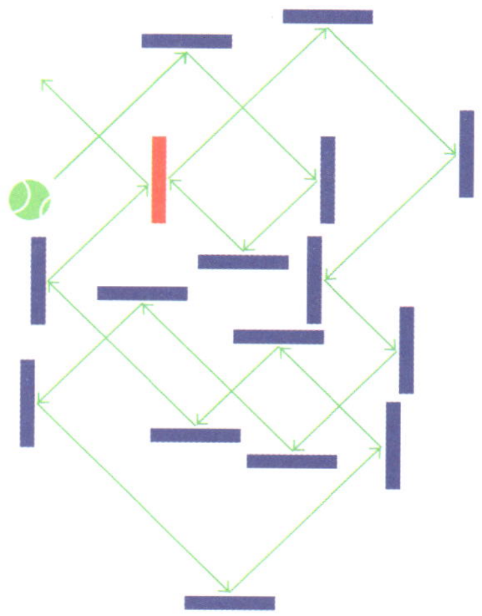

49쪽

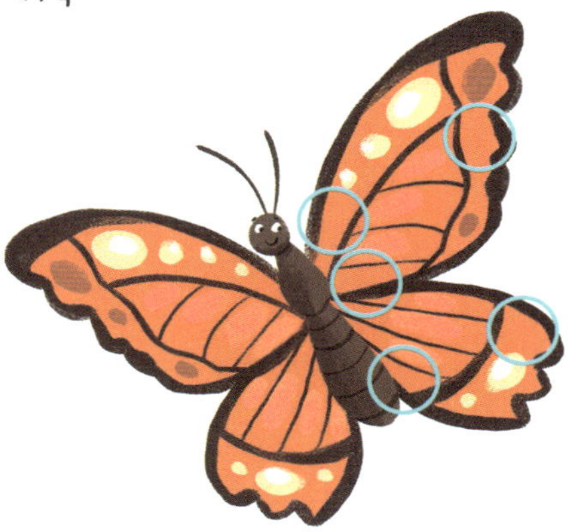

앨런 튜링과 함께 풀어 보아요!

정답: Some do! The vampire moth uses its nose to pierce skin for a sip.(어떤 나비는 그래요! 흡혈 나방은 코로 피부를 찌른 후 피를 빨아요.)

해답

50쪽

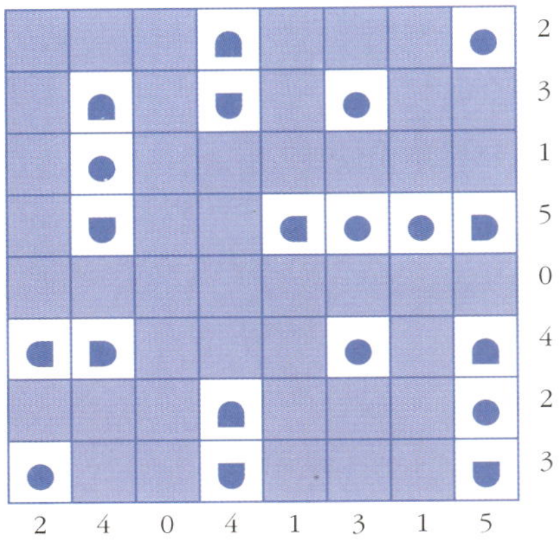

앨런 튜링과 함께 풀어 보아요!

정답: 16

51쪽

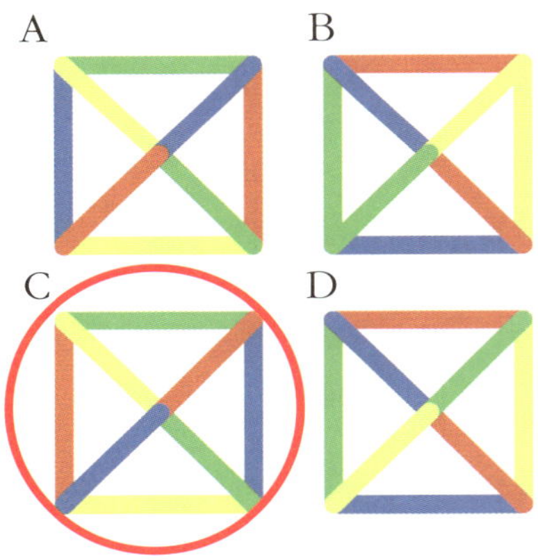

52쪽

올리비아는 오후 5시 5분에 도착했어요.
제이크는 오전 11시 25분에 내렸어요.
클로에는 오후 9시 43분에 도착했어요.

앨런 튜링과 함께 풀어 보아요!

정답: 제이크

53쪽

361

54쪽

앨런 튜링과 함께 풀어 보아요!

정답: On the Moon you would weigh one sixth of your Earth weight.(달에서 여러분 몸무게는 지구 몸무게의 6분의 1밖에 안 돼요.)

55쪽

56쪽

점의 개수는 이런 규칙을 따라요. 3, 2, 1, 0, 3, 2, 1.

개구리 눈은 오른쪽, 아래, 오른쪽, 아래, 오른쪽, 아래, 오른쪽을 봐요.

발은 파랑, 주황, 분홍, 파랑, 주황, 분홍, 파랑의 규칙을 따라요.

57쪽

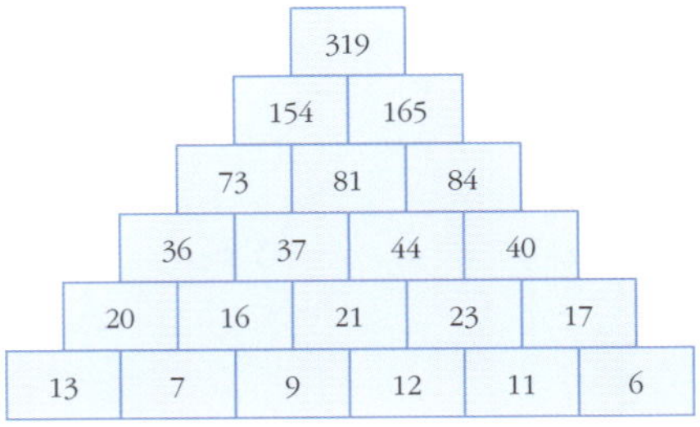

앨런 튜링과 함께 풀어 보아요!

정답: 11

58쪽

빨간 길

앨런 튜링과 함께 풀어 보아요!

정답: Skateboarding originated in California, USA. The first skateboards had handles.(스케이트보드는 미국 캘리포니아에서 처음 시작되었어요. 스케이트보드는 처음에는 손잡이가 달려 있었어요.)

59쪽

2	4	3	4	2	1	3
3	2	1	2	4	3	1
1	4	4	1	3	4	2
3	1	3	2	4	2	1
2	4	1	3	3	3	2
4	1	2	4	4	1	3
2	3	4	1	2	4	1
1	3	1	2	3	2	4

해답

60쪽

우르크는 점심으로 자동차를 먹었어요.

검블랫은 아침으로 거미를 먹었어요.

버루카는 저녁으로 세균을 먹었어요.

61쪽

42

앨런 튜링과 함께 풀어 보아요!

정답: 525%

62쪽

앨런 튜링과 함께 풀어 보아요!

정답: A honeybee makes an average of 300 round trips to produce a teaspoon of honey.(꿀벌은 한 티스푼 정도 꿀을 만들려고 300번이나 오가요.)

63쪽

64쪽

65쪽

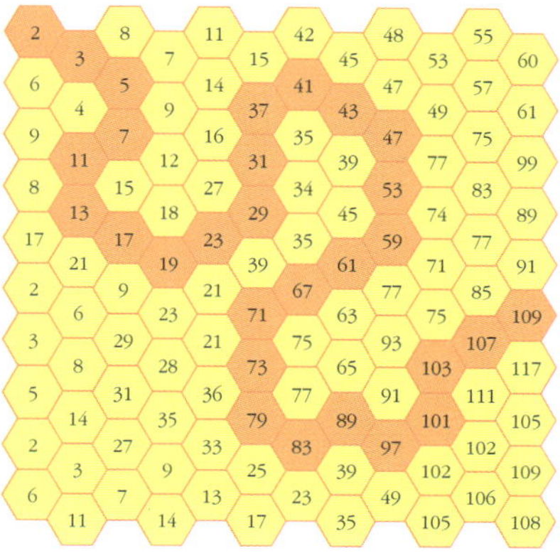

앨런 튜링과 함께 풀어 보아요!

정답: Just One : 2!(딱 하나 있어요. 2.)

66쪽

해답

67쪽

앨런 튜링과 함께 풀어 보아요!

정답: Even the patterns on opposite sides of one zebra do not match.(얼룩말의 반대쪽 무늬도역시 같지 않아요.)

68쪽

69쪽

앨런 튜링과 함께 풀어 보아요!

정답: 4

70쪽

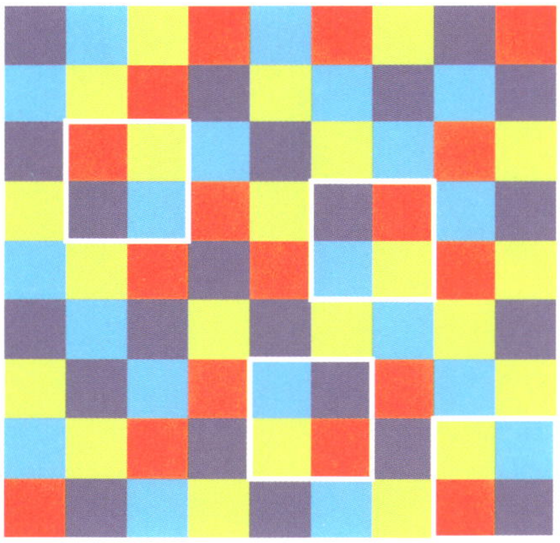

71쪽

14

앨런 튜링과 함께 풀어 보아요!

Pretzels originated in Europe in the 7th century.(프레첼은 7세기 유럽에서 처음 만들어졌어요.)

72쪽

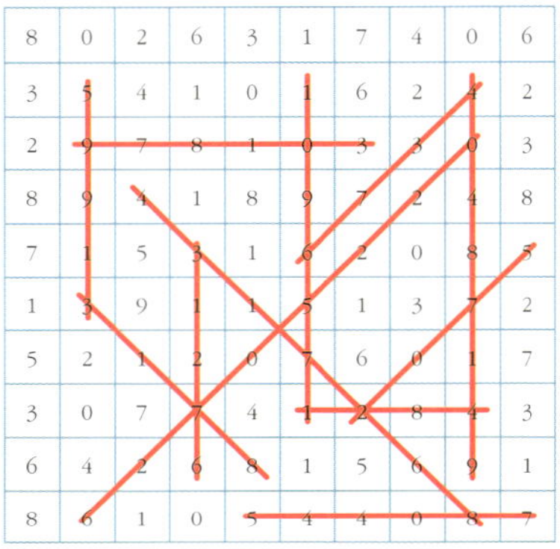

73쪽

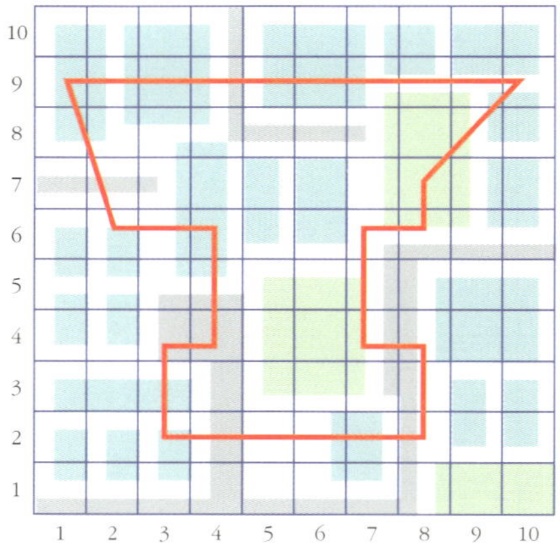

앨런 튜링과 함께 풀어 보아요!

정답: 길 모양은 앤빌(모루: 대장간에서 불린 쇠를 올려놓고 두드릴 때 받침으로 쓰는 쇳덩이)을 나타내요.

해답

74쪽

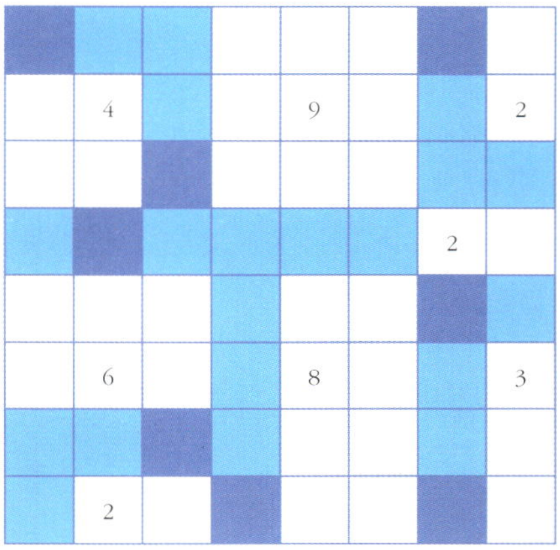

75쪽

7	9	1	2	8	5	6	3	4
5	6	3	1	7	4	2	8	9
8	4	2	3	6	9	7	1	5
6	3	8	4	9	1	5	7	2
1	2	9	5	3	7	8	4	6
4	7	5	8	2	6	1	9	3
3	1	7	9	5	2	4	6	8
9	5	6	7	4	8	3	2	1
2	8	4	6	1	3	9	5	7

앨런 튜링과 함께 풀어 보아요!

정답: Argentinosaurus was the largest land animal ever known.(아르젠티노사우루스는 지금까지 알려진 것 가운데 가장 큰 육지 동물이에요.)

76쪽

A에서는 빨간색과 파란색 삼각형이 번갈아 나오고 45도만큼 시계 방향으로 회전해요.

B에서는 어떤 모양 다음으로 그 모양이 반으로 잘린 것 두 개가 이어 나와요.

C에서는 어떤 모양 다음으로 그 모양의 위아래가 바뀐 것이 나와요.

77쪽

C

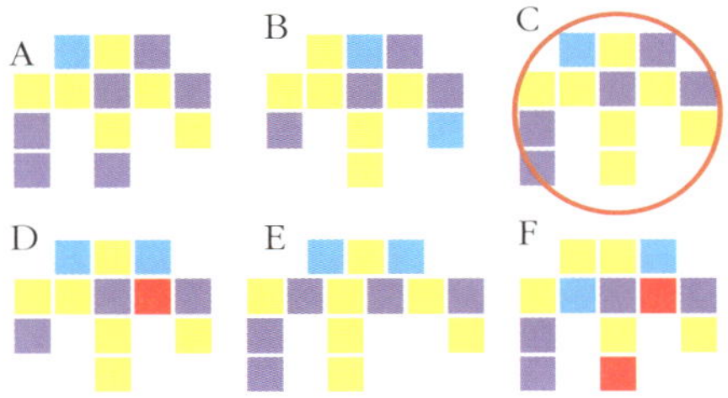

앨런 튜링과 함께 풀어 보아요!

정답: 17

78쪽

79쪽

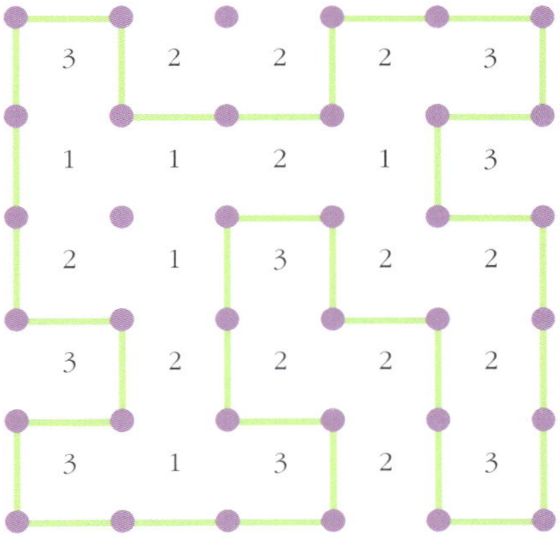

앨런 튜링과 함께 풀어 보아요!

정답: All domestic dogs are descendants of the Wolf. Even the poodle!(모든 애완견은 늑대의 후손이에요. 푸들 같은 강아지도요!)

해답

80쪽

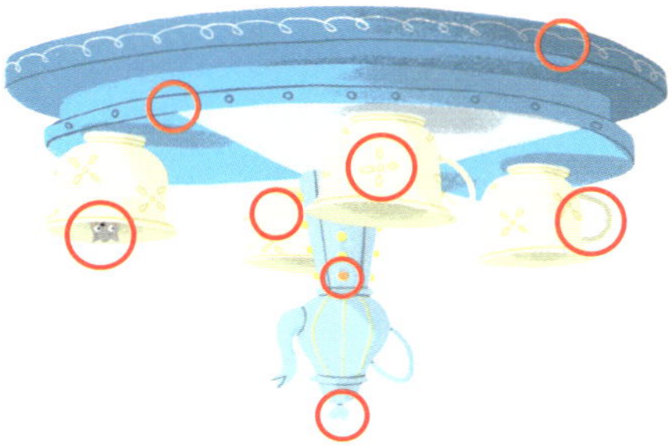

앨런 튜링과 함께 풀어 보아요!

정답: After water, tea is the second most consumed drink in the world.(차는 마실 것 중 물 다음으로 많이 소비되어요.)

82쪽

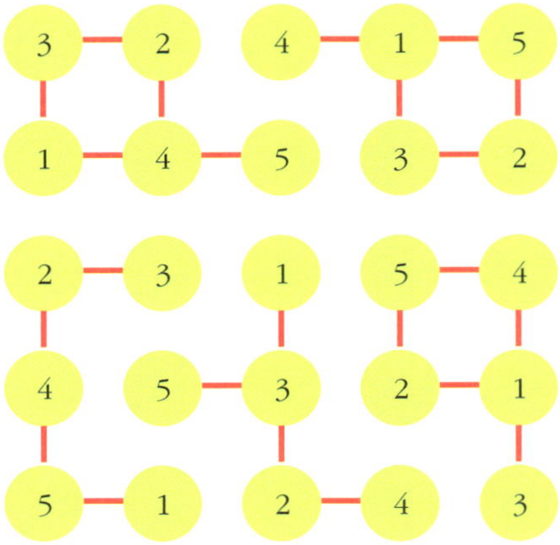

앨런 튜링과 함께 풀어 보아요!

15

81쪽

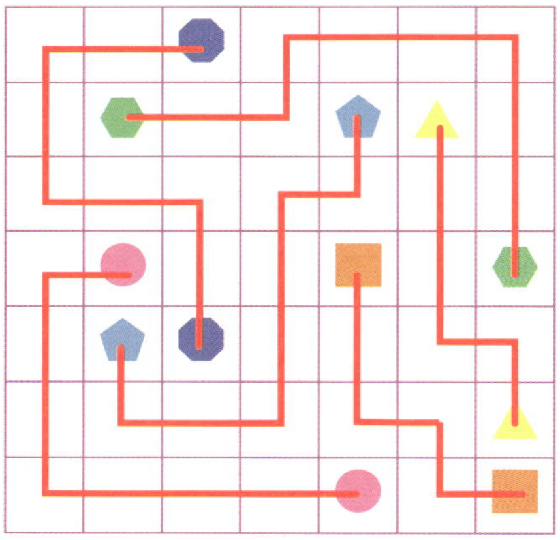

83쪽

= 9

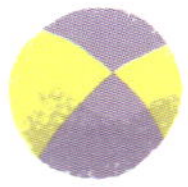

= 4

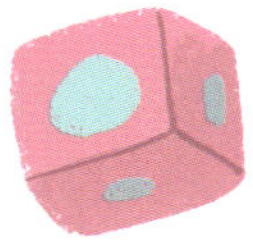

= 7

= 5

앨런 튜링과 함께 풀어 보아요!

정답: The most balls juggled at the same time is 11.(한 번에 저글링할 수 있는 최대 공 개수는 11개예요.)